學誠

学诚法师文集系列

零壹

信仰与对话

学诚法师 著

国际文化出版公司

·北京·

图书在版编目（CIP）数据

信仰与对话／学诚法师著．—北京：国际文化出版公司，2014.12
（学诚法师文集系列）
ISBN 978-7-5125-0284-0

I.①信… II.①学… III.①宗教社会学—文集
IV.①B920-53

中国版本图书馆CIP数据核字（2014）第303351号

信仰与对话

作　　者	学诚法师
责任编辑	赵　辉
统筹监制	葛宏峰　李　莉
策划编辑	李　莉
特约编辑	许　可
美术编辑	秦　宇
出版发行	国际文化出版公司
经　　销	国文润华文化传媒（北京）有限责任公司
印　　刷	三河市华晨印务有限公司
开　　本	880毫米×1230毫米　32开 7印张　129千字
版　　次	2015年3月第1版 2015年3月第1次印刷
书　　号	ISBN 978-7-5125-0284-0
定　　价	32.00元

国际文化出版公司
北京朝阳区东土城路乙9号　邮编：100013
总编室：（010）64271551　传真：（010）64271578
销售热线：（010）64271187
传真：（010）64271187-800
E-mail：icpc@95777.sina.net
http://www.sinoread.com

法学
师诚

文集系列

序
慈悲喜舍，无远弗届
许嘉璐

学诚法师新著《信仰与对话》即将付梓，予得先睹，何其幸也。拜读而获益，愿简述阅时所感以就教焉。

多元，乃文化生而俱有之本性。然则何需今人之絮絮，以证多元之必须也？盖以世有欲以一元代纷繁多彩者在也。对话，乃人之为人之所必；宗教、信仰，亦以对话而生，而长，而扩：耶稣、释尊、穆圣，以至孔圣之言仁，苏格拉底、柏拉图之论神，若无对话则何得集古今之智以成说，而时人后世孰能知之、行之、证之？然则何需倡宗教对话也？以时至今日，犹有以兵戎为宗教“交往”之“利器”者在。呜呼！今之多国苍生不得安宁耳者，以贪渎凶残者舍多元、拒对话故耳。

学诚者，当世高僧也。探赜教义，谨持佛戒；慈覆无缘，悲及无边；法施多端，归者无数；精进不已，力登十地；其既以菩萨行度一切苦厄为究竟也，故其所念者，非止神州，其所虑者，竟极三世。洞观宇宙，透视所以，遂本佛法，广结善缘，弘多元之论，务对话之实。深知他教之理，掘根剔须，故所言往往中的；宣我佛之义，法门多端，故闻者时时心折。学诚法师之所事，善哉，难哉，钜哉！

学诚所为，非特为受盘剥荼毒者言，亦欲深陷恶业者悟也。世界经逾百年战祸之苦，西人于其自身求解脱之道而不得，转而面向东者逐年益增，多元观念、倡导对话之声日见其强。然则学诚依时而动，顺势而为者也。

噫！释尊之求法，志在清静世间，清静之道，在觉无明。其时所谓世界，限于西土，所谓众生，囿于梵地。然释尊以其一切智智，尽悉三千大千世界，通晓过去、现在、未来。设若其弘法于末法之世，则恐亦必以五大洲七十亿生灵为虑，苦口婆心，度无量有情，成阿耨多罗三藐三菩提。然则学诚岂非直承佛心者乎？吾唯愿日见其进，世乱不止，对话不息，慈悲喜舍，无远弗届焉！

谨序。

二〇一四年七月十二日夤夜

匆笔于梵净山

目 录

目录

章前语

信仰的失落使个人无法找到“终极关怀”，无法实现生命的根本转变，从而沉沦于各种欲望之中。

个人由于丧失了和整个世界的丰富完整的联系而使自我成为单向度的占有财富的“挣钱机器”，道德危机也就在所难免了。

有信仰，它就会成为人的性格里面一种稳定的力量和作用，这样自己就会从内心里头来规范自己，约束自己。

一个人对于宗教的信仰，不应该只是情感上的感动和思想理论上的认知，他更需要进一步付诸行动……把取之于宗教的生命动力，不只是狭义地实践于个人的伦理道德生活，更要投身到参与社会上各个层面的关怀行动，使其信仰得以生活化，同时生活也得以信仰化了。

宗教不但在现代世界继续存在和发展，而且构成了广大信徒道德生活的基点，它是社会道德建设必须面对的一个基本的文化背景，一个可资借鉴的价值参照系统，一种丰富的重要道德资源。

只有实现世界宗教界间团结互助，才能实现世界各国的团结互助；

只有世界宗教和平发展，世界人类才能和平发展。

宗教关注全球化问题[①]

世界市场的扩大和深化，交通、信息网络化的形成和发展，加速了全球化特别是经济全球化的进程，它是现代生产力发展的必然结果。全球化不是一种选择而是一种现实，一种客观趋势。

全球化也是一把双刃剑，它既可促进世界经济的发展和科学技术的普及，同时又可能加剧世界发展的不平衡局势，加重贫富分化，扩大南北差距，进而加大了全球性问题解决的难度，甚至使之变成积重难返、灾难深重的全人类危机。

资料显示：发达国家与发展中国家人均 GDP 的差距，

① 本文发表于中国佛教协会会刊《法音》杂志2002年第6期（总第214期）。

1985年是43倍，到1994年扩大为62倍；1960年全球化之前，世界上20%富人的收入是20%穷人的30倍，1997年这一比例达到74倍（倪世雄，2001年）。表明国与国之间、社会成员之间的贫富悬殊进一步拉大，这是全球化加剧贫富分化的一个危险征兆，已引起国际有识之士的高度关注。法国学者伊格纳西奥·拉蒙内特（Ignacio Ramonet）充满忧虑地说："如果我们估算当今世界全球化进程的话，情况将会如何？贫困、文盲、暴力和疾病与日俱增。在59亿世界人口中，至少有5亿人生活舒适而45亿人却一贫如洗。即使在欧盟国家，有1600万人失业，5000万人生活在贫困之中。全球358位富豪（拥有10亿美元以上）的总财富占全球45%或等于26亿最贫穷人口的年收入总和，这就是危险的经济全球化世界。"（倪世雄，2001年）应该说这绝不是危言耸听，或是杞人忧天，而是给国际社会的一个警钟，给人类世界提出的一个严峻问题，全球化是否会使少数国家少数人享受其带来的好处而让大多数国家大多数人承受其带来的不良后果呢？国际社会应该做出怎样的努力去解决这一问题呢？

由于地理、历史、社会以及国家政局、经济政策等多方面原因，在全球化的浪潮中，许多最不发达的国家正日益面临

"边缘化"的威胁，而不公正、不合理的国际经济秩序又使这些国家雪上加霜。许多非洲和拉美国家，出口的多是原材料和初级产品，价格逐步下降，大量进口的工业品价格又高，导致大量举债以弥补国际收支逆差，因而背上沉重的债务。国际货币基金组织 2000 年上半年公布的《世界经济展望报告》显示，到 1999 年底，发展中国家所欠的外债为 20382 亿美元，有的最不发达的国家甚至连支付外债利息都无能为力。世界贷款实际利率从 1974 年至 1979 年的平均 0.9% 上升到 1980 年的平均 5.58%。面对这种情况，国际社会也曾做出努力，但无奈发达国家应者寥寥，如联合国规定发达国家应将国内生产总值的 0.7% 用于对发展中国家的发展援助，而 1997~1998 年只有四个欧洲国家达到这一标准。日本的官方发展援助只占国内生产总值的 0.28%，列倒数第二位；美国列倒数第一位，在 2001 年财政年度预算中，美国用于对外发展援助之开支占国内生产总值的比重仅为 0.11%（王振华，2000 年）。当然，许多不发达国家的战乱、动荡、腐败成为发达国家不愿为之提供援助或减免债务的理由。但这样做能解决问题吗？全球性问题诸如人口爆炸、难民潮、核武器扩散、环境污染、生物多样性锐减、温室效应、水源缺乏，离开了众多发展中国家能够解决吗？回答是否定的，既然如此，人类该怎样做呢？

古典经济学大师凯恩斯（John Maynard Keynes）的思考令人深思，他说：“我们将自由地回到宗教信仰和传统美德的那些最确切的原则上来……贪婪是一种罪恶，高利盘剥是一种不端行为……我们将再次把目的看得高于手段，宁愿取善而不为实用。”（科斯洛夫斯基，1997 年）是的，我们应该回到作为人类智慧和教导的伟大宝藏的各大传统宗教，谛听那些历久弥新、对人类具有永恒价值的伟大教导。当法利赛中的一位律法师问耶稣，他的第一紧要的诫命为何时，耶稣回答道：“你要尽心、尽性、尽意爱你的神。这是诫命中第一，且是最大的。其次也相仿，就是爱邻如爱己。这两条诫命是律法与先知的总纲。”（《圣经（和合本），马太福音，22：37–40）这里“邻人”具有超越不同地位、种族、教派、国家和地域的全人类性质，是普世之爱。巴哈伊教学者乔治·汤森（George Townshend）说：“所有（耶稣基督教的）戒律，无论消极的积极的，都是为了消除疏远，促进爱、和谐与一致。他想尽办法去清洗人的心灵中的自私，教育人从自我中心走向世界中心。”（汤森，2000 年）

佛教从平等慈、同体悲的基本观念出发，展示了其利乐众生的伟大胸襟。印顺法师说：“慈悲是佛法的根本。也可以说与中国文化的仁爱、基督文化的博爱是相同的。”（印顺，2000 年）“慈是与乐，悲是拔苦；一方多予人快乐，一方减除人的苦痛，名为慈悲。”（印顺，2000 年）基于“慈悲为本”的佛教，主张“所行惠施，不求其报”的布施，牺牲自己的精神和物质利益，甚至生命。《古兰经》也教导人们应当亲爱近邻、远邻和伴侣。还有印度教、锡克教、犹太教等等，可以说，关心他人、关心人类、关心生命，是世界各大宗教的基本教谕。

但是，我们许多国家、许多人的所作所为却与世界各大宗教的教谕南辕北辙，背道而驰。

我们痛心地看到：1. 在经济全球化的过程中，在全球范围的产业结构调整中，有的发达国家把落后的、污染严重的企业转向其他发展中国家，把潜在的经济危机因素转移到其他国家，美国 39% 的“肮脏产业”已经转移到第三世界国家，日本 60% 以上的高污染产业已转移到东南亚和美洲。2. 有些工业发达国家在环境问题上采取双重标准，如美国法律规定，严禁在本土销售使用剧毒杀虫剂——涕灭威、有机氯杀虫剂、阿尔德林等，而同时又规定企业出口这些产品是完全合法的。1991 ~ 1994 年间，美国共向 10 个国家（主要是发展中国家）出口了 2600 万吨有毒杀虫剂。3. 据联合国环境署统计，工业发达国家产生的有毒废弃物占全球产生量的 95%。1986 ~ 1988 年两年间共有 350 万吨有毒废弃物运往亚洲、非洲和拉丁美洲（李培超，2001 年）。4. 战争造成了无数生命的消失，耗费了宝贵的地球资源，破坏了自然环境。两次世界大战，时间长达十几年。第一次世界大战 33 个国家 15 亿人卷入战争，1300 万军人阵亡，由这次战争所导致的饥饿和灾难又夺去 2000 多万人的生命，战争耗费约 3321 亿美元。第二次世界大战，61 个国家参战，战争中死亡人数达 5000 多万，战争耗费为一战的 13 倍（李培超，2001 年）。随着环境的污染、能源的枯竭，自然资源往往成为诱发战争冲突的导火线，20 世纪 50 年代以来的多次战争表明了这一点。但是战争只能导致死亡和贫穷、灾难和不幸，加剧人与大自然的矛盾，造成自然环境的巨大破坏和自然资源的巨大浪费。

以上种种以邻为壑甚至以邻为敌的行为，无异于饮鸩止渴，也背离了各大传统宗教所共同具有并构成共同特征的“黄金法则”。佛陀教诲我们：“在我为所不喜不悦者，在人亦如是，我何能以己之所不喜不悦加诸他人。”（《相应部》v353.35-342-2）《马太福音》告诉人们：“无论何事你们愿意人怎样待你们，你们也要怎样待人，因为这是律法和先知的道理。”

（《圣经（和合本）》，马太福音，7：12）。《摩诃婆罗多》开导人们："不要那样对待别人，就像不愿意他人那样对待你一样；期望别人也是如此，你所向往和渴望于别人的，自己也应做到——这就是律法的全部，千万留意。"穆斯林《圣训》教导人们："你自己所希望得到的，施及于众人，你自己所讨厌的，不要施与别人。"（罗斯特，2000 年）但问题是，今天世界各国是否遵循这个人类各大宗教所共同具备并构成共同特征的"黄金法则"？是否拥有世界各大宗教的这些原初的伟大的教谕？实际上有许多国家背离了作为人类智慧宝藏的宗教教谕。诺贝尔奖获得者、科学家莱纳斯·鲍林（Linus Pauling）在谈到"黄金法则"时痛心地指出：尽管世界上的大多数男女都接受了这种经过很多伟大的哲学家和宗教领袖们阐述过的伦理道德法则并遵循这种法则，但国家的行动却几乎完全为其自身的利益所决定……它拒绝接受——建立在伦理道德原则基础上的原则，依靠战争或战争的威胁作为解决争端的机制。但什么是国家间相互交往的"黄金法则"呢？它似乎是："以你能找到的最凶恶的借口去对待他国。"（罗斯特，2000 年）实际上，"黄金法则"不应当只是一个国家、一个民族、一个宗教、一个团体内部成员之间的道德伦理准则，更重要的它也是不同宗教、不同民族、不同国家之间的道德伦理准则，这一点，在世界进入全球化的今天，在全球性问题日益凸显的今天，显得尤为重要。因为不同宗教、不同民族、不同国家之间的冷漠无情、以邻为壑、冲突争端、战争流血只会造成更多的无辜生命生灵涂炭，更大规模的自然灾难和资源消耗，从而加剧地球和人类的危机。当前人类面临的每一个危机都不是哪一个或几个宗教、民族、国家能独立承担和独立消解的，只有靠全人类通力合作携手共进才能解除，无论是贫富分化、人口爆炸、难民流动，还是环境污染、水源短缺、生物多样性减少、温室效应、核武扩散。因此，全球化的人类、全球性的问题，要求有一个全球伦理准则为基础，这个基础就是各大宗教所共同启迪的人类智慧——“黄金法则”。不仅是个人之间、民族之间、宗教之间、国家之间，而且是人和所有生命之间、人和大自然之间的伦理准则，如果背离了“黄金法则”这个宗教智慧，我们将一无所成，我们将别无出路。

1. 目前，全世界每天有 140 种生物灭绝。20 世纪灭绝的鸟类近 30 种，现存 9000 余种鸟类中有近千种面临灭绝的危险。若按现在的灭绝速度，在今后的 100 年内将有 209 个爬行动物物种和 242 种鱼类灭绝（李培超，2001 年），生物多样性的锐减由此可见。但更令我们痛心的是，我们对那些因为贫穷不堪、为求生存而捕猎动物、砍伐森林者，只能心怀无限的悲悯而无法去指责这些可怜的人们。国际社会应该可以在改变这一局面方面做得更多、更好——帮助贫穷国家的人民，同时也是帮助自己。“善者，吾善之，不善者，吾亦善之，得善。”（《道德经》第四十九章）

2. 发达国家对生态危机负有更为直接、重要的责任。艾伦·杜宁（Alan Durning）指出：“在工业化国家，燃料燃烧释放出了大约四分之三的导致酸雨的硫化物和氮氧化物。世界上绝大多数的有害化学废气都是工业化国家的工厂生产的，他们的军用设备已经制造了世界核弹头的 99% 以上，他们的原子工厂已经产生世界放射性废料的 96% 以上。并且他们的空调机、烟雾辐射和工厂释放了几乎 90% 的破坏保护地球臭氧层的氟氯烃。”（杜宁，1997 年）不仅如此，如今地球上生活富裕的国家的 25% 的人口消耗了 75% 的能量，消耗了 80% 的世界商业性能源。1980 年，每个美国人消费的能源约为 260460 磅，而肯尼亚人为 440 磅，埃塞俄比亚为 55 磅。正是这些为数不多的高能消费者，一般是在工业化国家，要对由于使用矿物燃料而引起的环境破坏负主要责任，每一个北美人造成的二氧化碳排放量至少是生活在亚洲的人（日本除外）造成数量的 10 倍（拉尔夫，1993 年）。发达国家难道不应该对拯救生态危机负起更大责任吗？通过世界市场机制廉价使用发展中国家的自然资源，转嫁危机，不是扬汤止沸便是割肉补疮。我们并非有意把造成生态危机的责任归咎于某些国家，而是说明发达国家有责任也有能力协同世界各国，承担历史责任，发挥主导作用，为消除贫困、消除人类共同危机做出实际的努力。毕竟地球只有一个，不应为保护本国利益而放弃责任、阻挠国际社会解决全球性问题的实际行动。如美国就在 1992 年的巴西环境和发展大会上阻挠大会通过降低二氧化碳排放量的国际协议。内罗毕会议，美国政府仍对签署保护生物多样性的协议持消极态度。《太上感应篇》说："见人之得，如己之得，见人之失，如己之失。"《利未记》告诫人们："你应爱邻如爱己。"（《圣经（和合本）》，利未记，19:18）更何况地球是我们人类共同的家园。"这个地球难道不是我们人世间的宝贵家园吗？难道它不值得我们热爱吗？难道人类的全部才智、勇气和宽容不应当都倾注给它来使之免于退化和破坏吗？我们难道不明白，只有这样，人类自身才能继续生存下去吗？"（沃德等，1997 年）

3. 无论是对贫穷国家吝施援手还是以邻为壑、以邻为敌，抑或是为一国之私，放弃作为地球成员应尽的责任，消极对待保护地球的国际性行为，都构成对后代人生存的严重威胁。1989 年，第 15 届联合国环境署理事会通过了《关于可持续发展的声明》，重申“可持续发展，系指满足当前需要又不削弱子孙后代满足其需要的能力的发展”。1992 年巴西环境和发展大会提出了可持续发展的总体框架，主要包括生态可持续发展、经济可持续发展和社会可持续发展。每一种可持续发展都需要我们人类以世界各大宗教共同启示的“黄金法则”作为其面向未来的价值观念的引导，没有国界的生态危机以及没有国界的全球伦理都凸显了具有超越的、普遍的、永恒价值的“黄金法则”的重大意义。由于地球生态学系统是一个整体性的有机结构，这就决定了生态危机具有整体性影响的特征。瑞典科学家发现本国的湖泊有酸化过程，经过研究发现，瑞典 80% 的酸雨雪是由英国和德国工业城市排放的二氧化碳造成的；澳大利亚每年的空气中悬浮颗粒物的增多与中国的春耕大忙有密切的联系。

诸如此类，不一而足。这些都表明了生态危机之普遍性、整体性，必须诉诸全球人类的共同努力才能消解危机，保持持续发展，而这又必须有共同的为人类所共同遵循的全球伦理，输出危机、转嫁污染，最后必然危及自身。“在生态环境问题上任何国家都不可能独善其身而成为可以逃脱生态灭绝的诺亚方舟。被输送出国的污染物无论距离输出国多么遥远，仍然存在于全人类共同赖以生存的生物圈内，最终还是会随同这个庞大生态系统的物质流动循环而殃及输出国自身的生态网。”（陈敏豪，1995 年）全球伦理是解决全球性问题的必然要求，而各大宗教所共同具备并构成其共同特征的“黄金法则”则是这种全球伦理的价值基础和价值源头。

1993 年 8 月 29 日至 9 月 4 日在美国芝加哥召开了第二届世界宗教会议，发表了《走向全球伦理宣言》，呼吁建立一种全球伦理，指出当代人类苦难的根源或症结之一是当代人类的道德危机。“没有新的全球伦理便没有新的全球秩序。”（孔汉思等，1997 年）来自宗教界的建立全球伦理的声音，引起了全世界的广泛反响，产生了深刻而持久的影响，显示出宗教伦理对世界世俗伦理的强劲摄受力，也显示了全球伦理对宗教伦理资源的强烈诉求。“20 世纪以来的世俗伦理学研究所真正缺乏的，恰恰是宗教伦理学研究所具有的那种对普世伦理的学术信念和理论承诺。”（万俊人，2002 年）因此之故，全球伦理的提出者是世界宗教界而不是伦理学界。这也对世界宗教界提出一个无法回避、必须正视的现实问题：世界各大宗教如何从人类的共同福祉出发，不带偏见和狭隘，互相理解和沟通，互相欣赏和宽容，发扬仁慈和善意，避免敌视和仇恨？

首先，应把“黄金法则”用为处理各宗教间各教派间差异、对立、冲突的共同准则，实现多元宗教间的充分沟通、交流、对话，弘扬世界各大宗教都具有的慈悲、仁爱、善意、同情、宽恕、互助的宗教精神。只有实现世界宗教界间团结互助，才能实现世界各国的团结互助；只有在世界宗教间实行“黄金法则”，才能把“黄金法则”教导给世人，在各国间实行“黄金法则”；只有世界宗教和平发展，世界人类才能和平发展。不同宗教之间的关系，应是不同民族、不同国家、不同地域间关系的典范、楷模。世界人类瞩目着世界宗教，世界宗教必须不负使命。

其次，世界各大宗教应携起手来，共同促进世界不同文明间的交流、对话，把“黄金法则”这一人类不同宗教的共同智慧带给不同文明的人类社会，使不同文明的人类和谐、友爱、互助，避免敌视、冲突、仇恨，禁绝战争、流血、屠杀。通过宗教的力量特别是“黄金法则”这一宗教智慧的力量，消解人类面临的共同危机——从贫富分化到生态危机，从核武器扩散到战争流血。通过宗教的力量实现人类社会的彻底转变，使人类生活在爱的光辉之中。

我们不应该过分强调不同文明之间的差别对立与冲突，因为人类是一体的，文明间具有更多的共性，世界各大宗教都拥有构成它们共同特征的“黄金法则”就是一个明证。文明在本质上是相同的、共通的，它们都促成人类的爱和团结，而不是恨和冲突。塞缪尔·亨廷顿（Samuel Huntington）把人类文明分为八类，并把宗教作为各种文明的体现或象征，即：1. 西方即基督教文明；2. 儒教主要是中国文明；3. 日本文明；4. 伊斯兰文明；5. 印度教文明；6. 南斯拉夫即东正教文明；7. 拉丁美洲文明；8. 可能还有的非洲文明。这种割裂文明的共通性，强调其对立性，并把许多因权力、财富分配不公，以及大国不尊重小国而引起的冲突，归咎于不同文明、不同宗教之间的冲突，是极其荒谬而且有害的。正如麦克·摩查（Michael Mazarr）所正确指出的那样：“冲突的真正原因是社会经济，而不是文明——或许在有些情况下，文明的差异甚至有助于避免战争。”（摩查，1996 年）过分强调文明、宗教间的冲突，无论动机何在都可能变成一个自我实现的预言，按亨廷顿本人的话：“即文明的冲突由于我预测其可能发生而增加了发生的可能性”（亨廷顿，2002 年）。这决不是没有根据的杞人忧天，而是已有危险迹象的确切之论，全人类都必须警惕鼓吹文明冲突的思想和活动，无论出于什么动机，人类应该树立起这样一个基本的信念：文明是相通的，其本质是相同的，任何文明都要求我们宽容、爱人、善良、慈悲、助人，而不是仇恨、冲突、战争和流血，世界各大宗教中共存的“黄金法则”给这一信念以有力的支持。

应当充分发挥宗教在构建和谐社会中的重要作用[①]

如果我们从宗教的维度思考和谐社会，就会清晰地领会和谐社会也是宗教梦寐以求的社会理想；如果我们从和谐社会的角度观察宗教，也会清楚地发现宗教也是和谐社会不可替代的精神资源。因此，我们的历史使命是让社会因宗教的存在而更加和谐，让宗教因社会的和谐而更加圣洁、祥和。

和谐社会的构建需要社会主义精神文明作动力，调动社会各方面的积极因素，凝聚社会各阶层的有生力量，协调社会各群体的利益关系，维护社会的公平和正义，实现人与自

① 本文发表于中国佛教协会会刊《法音》杂志2005年第12期（总第256期）。

然的和谐相处。我们建设社会主义精神文明则必须继承中华民族的优良道德传统，吸收世界各民族的优秀文明成果，博采众长，为我所用，共同构筑社会主义精神文明的神圣殿堂。在这一过程中，我们应该把人类道德文化母体的宗教文明纳入其中，这对全国 1 亿多的宗教信徒有着极其重要的意义。因为“第一，作为一种文化现象，宗教本身在人类生活中以其独特的方式发挥着某种普泛的‘原始道德’的功能……无论是历史的向度还是社会文化功能的特性，抑或是两者本身的精神本性，宗教与道德都具有文化孪生的特征。第二，从一般宗教的构成要素来看，任何一种健全的宗教体系都包含着极强的道德理念或道德要素，宗教本身也是人们内在道德情感需要的一种表现。”（万俊人，2001 年）人类社会自从有了宗教以来，一直是用宗教道德“圣化”宗教徒的世俗道德，用宗教道德提升宗教徒的道德境界。

例如：佛教以“诸恶莫作，众善奉行，自净其意”为其基本道德准则，构筑了一整套完整严密的道德体系；基督教则以爱为核心构筑了完备系统的道德体系；伊斯兰教、道教也不例外。宗教道德对宗教徒的道德素养的培育有着不可估量的价值和无以替代的作用，对宗教徒以高尚的宗教道德和宗教情操融入社会、奉献社会、服务社会，积极促进宗教与社会主义社会相适应更有着不同凡响的意义。

社会的和谐与美好，是人类的本能需求。每一个人都希望离开痛苦，得到安乐，这是人类的永恒追求。在当今人与人之间的关系更加息息相关的全球化时代，人类生存的社会环境直接影响乃至决定着我们的苦乐，只有和谐社会才有可能带给我们更多的真正安乐。

中国人奉为至圣先师的孔老夫子毕生追求的理想是“天下为公”（《礼记·礼运》）的大同社会。佛教提倡行菩萨道，建设十善社会，最终成就圆满的佛国净土，这都与我们国家今天所倡导的构建和谐社会有着极相符顺的旨趣。

2500多年前，释迦牟尼佛创立佛教的目的，就是为了拯救人类的痛苦，引导众生了知生命的真相、苦乐的真谛，以及解脱痛苦、得到快乐的方法，给人民以和平、安乐、幸福和智慧。佛教传入中国后，渐渐与中华传统文化融为一体，成为华夏文明不可或缺的重要组成部分。从那时起，一代又一代的高僧大德追随佛陀的脚步，追求佛法的真谛，用自己宝贵的生命实践着佛陀舍己为人、慈悲济世、大公无私的精神。

在中国历史上，广大的社会民众，从平民百姓到王公贵族，都曾受到佛教思想的熏染，从而接受了佛教的价值观，并影响统治阶级趋向政治清明，维系民风的纯朴善良，形成了整个社会推崇高尚价值理念的氛围，培育出了一批又一批的志士仁人。又有许许多多的高僧大德，他们的宗教追求和实践，对国家、社会都产生了积极而深远的影响，给人民带来了真实的利益。

例如，玄奘大师不远万里，历尽千辛万苦赴印度取经，促进了两国文化的沟通、理解、传播与交流，翻译经典，弘扬佛法，对当时唐朝的社会安定、经济繁荣和文化发展做出了巨大的贡献；鉴真大师不惜生命，六次东渡，历尽艰辛，终于成功地把佛法传播到了东瀛，而且还将唐朝的文化、艺术、建筑、医药、科技等带到扶桑，大大地促进了整个日本社会的和谐与进步，被誉为“日本文化大恩人”。

太虚大师、赵朴初居士等所极力倡导的“人间佛教”理念，被人誉为“20世纪中国佛教最宝贵的智慧结晶”，经过近一个世纪的探讨、实践和弘扬，已经在佛教界和社会各界产生着积极的影响。

特别是改革开放二十多年来，国家的宗教信仰自由政策不断得到全面、正确的贯彻落实，佛教有利于社会发展与进步的积极因素不断得到重视，佛教的社会作用不断得到发挥，中国佛教事业的发展能够很好地圆融于社会主义和谐社会中，佛教自身建设、弘法利生和社会慈善事业，以及进行对外友好交往与海外联谊等工作，都已经并将继续为社会的和谐安定繁荣，做出更多、更大的贡献。

“人间佛教”要实现的目标是建设人间净土，在现前的缘起下，我们积极响应国家所提出的构建和谐社会的号召，在方向、目标和内涵上与建设人间净土有着异曲同工之妙。

佛教界在2004年成功举办的几件大事中就可以看到佛教对于构建和谐社会的积极作用。去年，大陆佛教音乐团和台湾佛光山梵呗赞颂团首次组成中华佛教音乐展演团，分两个阶段赴台湾、澳门、香港地区和美国、加拿大进行了9场联合演出，引起了巨大反响，获得了圆满成功。这次活动对弘扬佛教文化、加深两岸佛教徒的民族感情和法缘血缘关系、促进祖国和平统一大业产生了积极作用，同时向世界展示了海峡两岸佛教界的团结与融合，极大地推动了中华优秀传统文化加快走向世界的步伐。

去年10月，第七次中韩日三国佛教友好交流会议在北京隆重举行，取得了重要成果。会议高度评价了中韩日三国佛教“黄金纽带”关系对维护亚洲和世界和平的重要意义。会议以“黄金纽带的新构想”为主题，全面系统地总结了三国友好交流会议创办10年来所取得的丰硕成果和基本经验，海峡两岸四地（大陆、香港、澳门、台湾）佛教高僧提出适时在中国举办“世界佛教论坛”的倡议，得到了与会代表的一致赞同和积极响应。

2004年12月26日，印度尼西亚苏门答腊岛附近海域发生强烈地震，引发巨大海啸，波及南亚和非洲12个国家和地区，造成20多万人死亡，数百万人流离失所，是世界上罕见的严重自然灾害之一。12月28日，中国佛教协会迅即向受灾国家的佛教组织致电表示亲切慰问，同时向全国各省、自治区、直辖市佛教协会和各大寺院发出紧急通知，号召全国佛教四众弟子为遭受地震海啸的遇难者和灾民举行超度、消灾祈福法会，并踊跃捐款，奉献爱心。

2005年1月1日，中国佛教协会在北京西山灵光寺隆重举行“海峡两岸百寺千僧捐款千万救苦救难消灾祈福大法会”。有关领导、各界人士、海峡两岸高僧大德、四众弟子近万人冒着严寒参加了法会，现场收到捐款993万元，全部交给中国红十字会转交各国的灾民。在全国各社会团体中，中国佛教协会是第一个举行消灾祈福法会并号召捐款的，所捐出的款额也是当时中国红十字会收到的最大一笔。这一善举在社会上带了一个好头，产生了积极而深远的影响。

国家主席胡锦涛指出：实现社会和谐，建设美好社会，始终是人类孜孜以求的一个社会理想。[①] 根据新世纪新阶段我国经济社会发展的新要求和我国社会出现的新趋势新特点，我们所要建设的社会主义和谐社会，应该是民主法治、公平正义、诚信友爱、充满活力、安定有序、人与自然和谐相处的社会。民主法治，就是社会主义民主得到充分发扬，依法治国基本方略得到切实落实，各方面积极因素得到广泛调动；公平正义，就是社会各方面的利益关系得到妥善协调，人民内部矛盾和其他社会矛盾得到正确处理，社会公平和正义得到切实维护和实现；诚信友爱，就是全社会互帮互助、诚实守信，全体人民平等友爱、融洽相处；充满活力，就是能够使一切有利于社会进步的创造愿望得到尊重，创造活动得到支持，创造才能得到发挥，创造成果得到肯定；安定有序，就是社会组织机制健全，社会管理完善，社会秩序良好，人

① 2005年2月20日，胡锦涛总书记在中共中央举办的省部级主要领导干部提高构建社会主义和谐社会能力专题研讨班上的讲话。

民群众安居乐业，社会保持安定团结；人与自然和谐相处，就是生产发展，生活富裕，生态良好。这些基本特征是相互联系、相互作用的，需要在全面建设小康社会的进程中全面把握和体现。

佛教寺院既是出家僧侣修行办道的圣地，也是广大善男信女进行宗教活动的场所，可以丰富信教群众的精神文化生活，让人们领略和体验寺院的古朴、安宁与祥和，在紧张的工作之余，身心得到舒缓与调节。佛教寺院更是传统文化的重要载体，在这里可以得到传统文化的熏陶，进一步了解和认识佛教，领受古圣先贤的智慧启迪，让心灵得到滋润，化解内心的矛盾和痛苦。

作为管理寺院、住持佛法的出家僧众，我们要让这些正面积极的功能得到充分发挥，这本身即是在维护人们心灵的和善、社会的和谐。对广大四众弟子的教育、引导、帮助，是佛教最重要的工作环节。首先是对出家僧侣的培养，透过对佛教经典的讲解与学习，以及长期持久的宗教生活实践，将寺院内的僧众培养成为有智慧、有慈悲心、有适应社会能力的优秀教职人员。其次，对在家佛教信众的教育是僧团必须要做的弘法利生的主要工作。佛教教育在家信众爱国爱教、遵纪守法，在社会实践中体现佛陀清净圆满的教诲——“诸恶莫作，众善奉行”，用“五戒十善”作为自己的行为规范。在家佛教徒由内在的信仰而启发善良的行为，对于个人、家庭、社会，都是在营造和谐与美好的氛围。佛教还积极引导全国各大寺院在佛教的传统节日举办各种法会，如放生法会等等。这些法会，可以影响、教育人们尊重生命、爱护生命、保护环境，让人与自然相互和谐，让有情的生命世界相互和谐。

通过法会，引导、教育佛教四众弟子并且影响所有来参加法会的人，大家共同学习佛陀的慈悲与智慧，实践与人为善，净化烦恼，提升心灵。这是在生命的深层次上认识和解决人生的苦乐问题，是对众生心灵的关怀与帮助。有了和善的心灵，才会有和美的人生与和睦的家庭，才能构建和谐的社会。

实现社会和谐的基础是实现人与人之间关系的和谐，进一步扩展到社会各个阶层、各个族群、各个行业之间的和谐。对于实现人与人之间关系的和谐，儒家讲“己所不欲，勿施于人”（《论语·卫灵公》）；佛教《本生经》说：“生命是同一的，痛苦的根源都一样，谁也不会用自己的一只手伤害另一只手，那样他自己会感到痛苦。”（罗斯特，2000 年）任何一个伟大的宗教都具有教导人们与他人和谐相处、平等对待、理解宽容、慈悲博爱的伟大教谕，中国广大宗教信徒用自己的实际行动证实了这个道理。

构建社会主义和谐社会是一项系统性的工程，需要社会各方面齐心协力、共同承担。在构建社会主义和谐社会中，宗教界始终都具有高度的社会责任感和历史使命感。

宗教既不像有些人所讲的“只是个人心灵空虚的一个避风港”，也不仅是一套完善的伦理道德规范的指导原则，更不应该简化为解释超自然律的一个依据；宗教反而是更积极地教谕人们“爱人、惜物、尊重造物主”的正确生活态度。宗教不仅教人追求死后的“天堂”或是“西方极乐世界”，同时也教人珍惜并重视此时此刻的现实生活。对于人类心灵的空虚，宗教给予安慰和鼓励；针对具体的日常生活问题，宗教倡导“你要别人如何对待你，你也得同样对待别人”的金科玉律；面对现世变化无常的失落感，宗教给予超自然界的答复与归宿。这一切都展现出了宗教对社会正面、积极的功能。

“宗教已经并且正在带给人类社会积极作用的同时，不可否认在社会上也存在着一些宗教乱象：或假借宗教名义非法牟取暴利；或假借宗教名义违法乱纪；或假借宗教名义聚众滋事，这些或多或少地给宗教蒙上了一层阴影。因此，当个人在面对宗教帮助自己安身立命的根本问题时，也会感受到宗教令人失望的消极面，在正反两方面互相冲击的情形下，个人仍然愿意加入某一个宗教团体，信仰某一种宗教或教派，这就是所谓的‘信仰’了。”

但是，一个人对于宗教的信仰，不应该只是情感上的感动和思想理论上的认知，他更需要进一步付诸行动。当他正式决定加入某个宗教的社会性组织时，他不只是感动或认同于宗教的教义，同时也应遵守并实践宗教的戒律教规与伦理规范，并且热心参与宗教生活与宗教事业的开展等，把取之于宗教的生命动力，不只是狭义地实践于个人的伦理道德生活，更要投身到参与社会上各个层面的关怀行动，使其信仰得以生活化，同时生活也得以信仰化了。

传统宗教作为人类智慧的结晶、作为人类文明的主要成果在现代社会中具有怎样的地位和作用？对当代人类面临的危机和困境具有怎样的意义与启示？具体到当代中国，宗教对构建社会主义和谐社会能提供哪些可资借鉴的独特精神资源？这是摆在我们面前的重大课题，需要我们付诸不懈的努力才能交出不负于伟大时代的满意答卷。

首先谈谈平等理念。我们知道，自由、平等、博爱是西方现代道德的核心理念，它最初肇始于14世纪末到16世纪欧洲文艺复兴时期的人文主义思潮，展开于17世纪英国和欧洲大陆的社会政治学说和道德哲学之中，最终在18世纪的欧洲启蒙运动和法国大革命中获得完整的表达，并在之后的300多年被西方社会确立为核心价值理念。但正如许多学者已经揭示的那样，这一构成西方现代道德的核心价值理论并非空穴来风，它直接根源于基督教文明，根源于中世纪的经院哲学。

《旧约》中说："他（上帝）要怜恤贫寒和穷乏的人，拯救穷苦人的性命。他要赎他们脱离欺压和强暴，他们的血在他眼中被视为宝贵，他们要存活。"（《圣经（和合本）》，诗篇，72:13–14）《新约》里说："爱人如己。"（《圣经（和合本）》，马太福音，22:39）说："你们因信基督耶稣都是神的儿子。你们受礼归入基督的，都是披戴基督了。并不分犹太人和希腊人，自由人和奴隶，男人和女人，因为你们在基督里都成为一了。"（《圣经（和合本）》加拉太书，3:26–28）

从这里我们可以看出，基督教的爱是上帝之爱，具有超越性别、种族、教派和地域的全人类性质。在这种爱中昭示了基督教平等的精神。而在伊斯兰教教义中，人是真主安拉的创造物，应该是互相平等的。道家“天地与我并生，而万物与我为一”（《庄子·齐物论》）也凸显了平等精神。

这里我重点谈一谈佛教的平等观。佛教从“佛性平等”“众生皆有佛性”理念出发得出“一切众生悉皆平等”的论断。道生在《法华经疏》中说：“闻一切众生，皆当作佛。”因此，平等观念不仅是一个极其重要的观照法门，而且也是明心见性后的一种真实体验。

平等的观照，就是要舍弃一切差别相，而体悟万物平等的“共相”，乃至达到心佛众生三无差别。有了这样的平等观，就有了“六和敬”这种民主平等的僧团生活组织原则。[①] 再谈谈诚信观。我们知道，诚信是立身之本，是立国之基。诚信作为一种社会资本，对于一个国家一个民族的经济发展、社会和谐具有巨大的意义。因此，自古以来，伟大的思想家都极为重视诚信问题。《论语》中“信”一共出现了38次之多。

---

① 戒和同修是指在戒律上人人平等，共同修持，没有特权；见和同解是指思想上平等交流，建立共识，使思想相通、见解相同；利和同均是指经济利益上均衡分配，保持平等；身和同住是指在行为上利益他人，和乐共处；口和无诤是指在言语上平等相待，和谐无诤；意和同悦是指精神上同心同德，志同道合。

社会学家吉登斯（Anthony Giddens）认为“信任是一种结构”，即因什么而信任？他认为在信任结构里存在着两大类结构：一种是人格信任，另一种是系统信任，而后者又包括货币系统和专家系统。当然，信任结构这三种信任都可以看成是卢曼所谈的简化机制。吉登斯认为，人格信任其实就是对某些熟人的信任，货币系统信任是一种从众的信任结构，而专家系统信任是科学知识、文凭、同行专家评议三位一体的信任结构。但我们从目前社会诚信缺失的现状可以看出，这三种信任如果不是建立在个体内在德性之上也会面临丧失的危险。

比如屡见不鲜的“杀熟”现象，其典型体现就是传销中对熟人、朋友甚至亲人的欺骗；“假币”现象以及学历考试、评议硕士、博士论文、评定职称中的营私舞弊和人情关系的干扰等都足以摧毁以上三种信任。当然，信用征信体系与失信惩罚机制和信用监督体系的建立对诚信社会的形成至关重要，但个体内在诚实德性的培养也极为关键。这是因为，在社会生活的许多领域和情感生活、家庭生活、人际交往等诸多方面是无法征信的，欺骗他人感情、玩弄两面派手法、出卖他人等都是社会征信体系所无法触及的，也是无法制约的。更为重要的是，因为如上所述没有作为个体内在德性的诚实品格，外在的信用体系也会岌岌可危，任何严密的信用体系都会在不诚实的个人面前被弃置不顾或被钻空子、找漏洞而予以规避。

而宗教则直接把诚信立足于个体的内在信仰之上，落实在个体的内在德性之中，因而坚固可靠。《古兰经》强调穆斯林必须做一个诚实的人："信道的人们啊！你们要敬畏真主，要和诚实的人在一起。"（《古兰经》第 9 章第 119 节）"信道的人们啊！你们当履行各种约言。"（《古兰经》第 5 章第 1 节）道教要求人们"动作言顺，无失诚信"。（《太平经合校》）《圣经》中说"耶和华要保护诚实人"，（《圣经（和合本）》，诗篇，31:23）"说谎言的嘴，为耶和华所憎恶；行事诚实的，为他所喜悦。"（《圣经（和合本）》，箴言 12:22）佛教把"妄语"列入五戒之一，《大宝积经》里说"宁舍身命，终不妄语"。所有这些传统宗教都要求信徒把诚信建立在信仰的基础上，作为修道的入门，对信徒诚实德性的形成产生了直接而深刻的影响，其成效之卓著有目共睹，一个真正的宗教信徒首先和最重要的就是一个具有诚实品格的人。

佛教产生的时代正是印度奴隶占有制十分盛行的时代，为了维护自己的统治，为了维护奴隶制度，雅利安人实行了严格的等级制度，也就是当时印度各国通行的种姓制度。祭司阶级为婆罗门，武士阶级为刹帝利，农工商阶级为吠舍，被征服的土著和奴隶为首陀罗。婆罗门教宣称：婆罗门是从梵天（宇宙的创造神）的口中出生的；刹帝利是从梵天的肩上出生的；吠舍是从梵天的膝上出生的；首陀罗是从梵天的脚上出生的，所以贵贱不同，尊卑有别。婆罗门和刹帝利两个阶级构成了社会的统治阶级，对作为奴隶阶级的首陀罗进行了残酷的剥削和压迫。

《摩奴法典》规定："不应当把任何忠告、（自己桌上的）任何残肴、任何献神的食品给予首陀罗"，杀死婆罗门者要处以极刑，而对于首陀罗"可以随意驱逐、随意残杀"，杀死首陀罗者只需要简单地净一次身。被称为贱民的首陀罗，不但在肉体上受尽折磨，在精神上也饱受歧视，作为婆罗门教经典的《吠陀经》只允许前三种姓阅读，贱民是不能接近的，高低种姓（前两种姓属高种姓、后两种姓属低种姓）不得通婚、不得共食、不得同饮。

也就是说，当时印度社会处于不很和谐的状态中。社会利益关系无法妥善协调，社会矛盾尖锐复杂，社会各阶级之间相互仇视，社会秩序动荡不安。目睹此状，释迦牟尼佛以深心悲愿、无畏气概和博大胸襟创立了佛教，提倡众生平等，主张各国和平，呼吁慈悲济世，用清凉的法雨甘露浇灭燃烧在当时印度各阶级心中的嗔恨之火、贪婪之火、无明之火，为当时印度社会提供了苦口良药，也为后代人类社会的和谐共处提供了不朽的精神资源。

宗教者如何面对受难者[①]

宗教通常源自于人类对未知领域的敬畏，包括对天地自然的敬畏以及对宇宙法则的敬畏等等。在这些对象面前，人类是那样的渺小，以致于当灾难来临时，人类显得是那样的无助。凭借高度发展的科学技术，人类将“人定胜天”的信念也发展到了极致。尽管有些灾难通过科学的预测与事后的补救，能够将对人类的伤害降到最低，但因为人类活动而对自然产生的干扰并因此引发的灾难，大大削减了人类正面努力的成果。因此，与过往相比，对今天的人类来说，自然灾难所引发的苦难丝毫

① 本文为2012年8月3日，学诚法师在日本京都召开的纪念比叡山宗教首脑会议25周年暨“世界宗教者和平首脑集会”上的发言。

也没有减少。作为人类大家庭中的一员，宗教者在面对灾难的受难者方面，理应承担更多的责任。

首先，宗教者当以解决受难者现实苦难为起点。在无情而又极具破坏力的自然灾难面前，受难者大都在极短的时间内，失去能够支撑自己生存的物质基础，乃至于身心受创。能够重建家园，恢复正常的生活，医治受到伤害的身体，是此时的第一要务。宗教者可以发动众多的信众，来为灾区做力所能及的贡献，同时在这个过程中与受难者建立良好的信任关系，这也是后续救助的基础。

其次，宗教者当以医治受难者心理创伤为重点。与恢复正常生活及医治身体病伤相比，受难者心理的创伤则是更加难以恢复。受难者或受到从未经历过的灾难的恐吓，或受到失去亲人朋友的痛苦。种种心理上的创伤大都会深埋心底，若不加以疏导，便会伴随终生，极大地影响受难者后半生的幸福感。宗教以其超越的时空观及对生命现象的洞察，通常能够给人以心灵的皈依和寄托。因此，宗教者在医治受难者心理创伤方面，担负着世间人难以承担的责任。

第三，宗教者当以塑造受难者崭新生命为期盼。灾难对受难者身心都造成创伤，而宗教者的责任不仅是帮助受难者医治这种种创伤，更可以帮助受难者塑造自己崭新的生命。灾难不仅仅使人们痛苦，更能够让人们从中得到成长。没有经历困难和挫折的人生，很难具有深邃的智慧；同样，当人们经历从未有过的灾难时，也可以更加深刻地体悟人生，能够真正看开、看淡，认识到生命中真正宝贵的事情是什么。

第四，宗教者当以与受难者共同成长为终归。通常人们会以为受难者是弱势群体，是需要关怀的对象，这也使宗教者无形中会以帮助者自居。实际上，在这个过程中，帮助者和受助者是平等的。受助者应当心怀感恩，接受来自帮助者的帮助；同样，帮助者也应当心怀感恩，正是在这个过程中，帮助者或能更加真切地体会到自身存在的价值，而价值感通常是决定一个人能否生活得幸福和快乐的决定性因素。因此，宗教者在帮助受难者时，当自始至终心怀感恩，这看起来是在帮助受难者，实际上也是在帮助自己。

来自自然的灾难，是人类所恐惧和极力避免的。然而，这些灾难的价值并不都是负面的。灾难让人们更加真切体会到和平的价值，从而不遗余力地维护和平；灾难还让人们更加真切地体会到，能够健康地活着是一件多么美好的事情，从而使人们更加珍惜看似平凡的生活与生命。不仅如此，当世界上任何一个地区、任何一个民族的人们遇到灾难时，能够引发真正的同情心。正是这种可贵的同情心，让人们真切地感受到人类的命运是那样紧密地联系在一起。

有信仰的人容易有道德自律的精神[①]

王鲁湘：自从佛教传入中国，便与中国传统思想文化相融合形成了儒释道三教互为表里、相互依存的文化景观，影响着中国社会的方方面面。中国是一个建立在血缘宗法制度上的国家，佛教作为一种出世的宗教，怎么适应中国人现世的伦理生活呢？有人说，佛教是伦理性的宗教，其所宣扬的五戒、十善、四摄、六度和八正道等等思想有着丰富的伦理色彩，佛教的善恶观、慈悲观、人生观、缘起观等等，对于

① 2011年11月19日，学诚法师应邀在凤凰卫视世纪大讲坛谈“佛教关注社会道德”，本文为谈话内容实录，曾发表于中国佛教协会会刊《法音》杂志2011年第12期（总第328期）。

净化人心，构建和谐社会，都具有重要的现实启示意义，那么我们应该如何看待佛教伦理？它与现在的社会道德是否脱节？今天我们所讨论的话题就是“佛教关切社会道德”，让我们掌声欢迎学诚法师！

王鲁湘：我和学诚法师还真是有缘。2007年的时候，做《文化大观园》节目，我到北京西山的龙泉寺采访过学诚法师。法师多年来一直致力于弘扬佛法，尤其是探讨佛教与现实生活的这种关联。我们今天做这个节目，其实有一个很沉痛的背景，就是这些天，全国都在讨论佛山小悦悦这件事情，一方面，是我们的经济建设在突飞猛进，一方面也不容讳言，就是我们的国家、我们这个民族在道德伦理方面的滑坡现象也非常的严重，那么法师您觉得像佛山的小悦悦事件折射出了我们现在一些什么样的世道人心方面的问题。

学诚法师：这件事的确非常值得我们去反省，两辆汽车从两岁的小孩身上碾过，18个人路过，熟视无睹，用佛教的话来讲，就是缺乏慈悲心，见死不救，是多么悲哀的一件事情！从这一件事也可以说明我们社会的道德存在问题。过去我们常常听到的是道德的滑坡，但现在听到更多的是道德的危机，危机的这个程度，远远要大于滑坡。那么为什么会发生危机呢？我觉得道德它应该是自律的，法律、纪律它是外在的、他律的，如果我们一个人，缺乏了内在的自律精神，那么他的行为很可能就会影响到整个社会的秩序，整个社会的健康发展。康德（Immanuel Kant）说过：道德的基点有两点：一点是普遍性，一点是道德的自律。那么道德的普遍性是说明我们这个人无论在任何的时空下都应该为自己的行为负责。佛山的事件折射出人的道德的自律需要去反省。

王鲁湘：我们知道，指导整个世界和我们中国人现代生活的，有一个很强有力的观点，就是 19 世纪末 20 世纪初传入中国的物竞天择、弱肉强食的人类生存法理。这种物竞天择、弱肉强食的所谓法理，在唤醒陷于麻木、沉沦的中华民族奋起、抗争、崛起，可能有一定的进步作用，而且也成为当时新文化中的一些先进知识分子极力宣扬的东西。但是我们现在看，一百来年的这样一种社会实践，它确实带来了很大的负面价值，一些负面的影响。关于这种大的人类生存的法则问题，佛教有没有可以对冲这种像物竞天择、弱肉强食的一些大的法则呢？

学诚法师：佛教主张“众生平等”。这个众生，不仅是人类，包括其他物种，其他的动物；佛教还讲，依报、正报是不二的，就是说人和环境也是不可分离的。而物竞天择、适者生存，发展到现在就形成了弱肉强食的这样一个状态。长期以来，西方的人类中心主义、个人中心主义的思想传入到中国之后，我们不知不觉接受了这样的一些观念，使我们过去所认为的：我们人，仅仅是宇宙当中的一分子，我们人的行为，以及行为的后果同这个世界、同他人有着极其紧密、丰富的联系，所谓“天人合一”的观念慢慢淡化了。我们佛教所要主张的，是对所有众生的苦乐问题的关切，以及对我们人所生存的环境的关切。人是不可以脱离环境而很好地生存、发展的。同样，一个人要过得快乐，“独乐乐不如众乐乐”。

王鲁湘：我们知道，在西方，特别在一些发达的西方市场经济国家，它同时也是一个法治国家，作为一种市场经济的制度，它当然要鼓励这种个人主义，让每一个人去为自己的利益奋斗，但是当每一个人把自己的利益扩大化，或者是放大到一个没有边界的情况时，其实所有人都无法生存。所以在这个基础之上，为了节制这种个人的无节制扩张，又建立了多如牛毛的法律，用法律体系来规范人们的行为边界，所以它的市场经济是建立在一个法治环境之中的。可是我们中国现在的情况好像还没有做到这一点，一方面我们在鼓励人们在市场经济中为自己的利益去奋斗，使自己的利益最大化；另一方面，我们的很多法律和法制建设却没有能够紧紧地跟上，或者说我们的法律建设的水平还很低。

学诚法师：法律只能管住人外在的行为。一个人认为说，自己能够取得证据，按这种证据来推论，结果能够成立，他就敢去做。如果一个人，有内在的道德自律，他就不会这么去做。在西方，律师那么多，特别是美国，比我们中国要多许多倍，而实际上，一般人要去打官司，也是打不起的。所以，我觉得，在一个文明的国家里，既需要法治的健全，更需要内在道德自律、文化秩序自净的精神。

王鲁湘：对。维持一个社会的和谐稳定，道德的自律是一个成本最低的约束。那么请教法师：道德缺失事故频发，社会道德遭到严重质疑，儒家文化影响下的中国社会面临怎样的道德危机？

学诚法师：我们为什么要讲道德？道德是我们整个社会人们行为、生活的标准和规范。如果人的内心当中没有这些行为的标准、规范，那肯定是不知所措了。如果有很多的人，自己的行为，自己的生活，影响或损害到更多人的行为和生活，那么这个社会的道德就发生了危机。从更深的一个层次来讲，就涉及人的信仰问题。有信仰的人就比较容易有道德自律的精神。如果信仰缺乏，这个道德就比较容易成为问题。在西方的社会里，它把信仰归到宗教的领域。而在东方的社会里，我们更多的情况下，把信仰归到意识形态领域。

哲学主要要解决的问题，是世界观、人生观、价值观。人生观是一个非常严肃的，也是一个非常重要的命题。人生观就涉及人的生存、人的生活、人的生命、人的生死这样的问题。人的生存就是你活下来，从生到老、到死这样一个过程。不同的人，生存的环境是不一样的，生活的品质更是不一样的。有些人的生活，包括精神生活、物质生活、道德生活都非常的完美；有些人就有缺陷，要么是物质生活的缺陷，要么是精神生活的贫乏，要么是道德生活的危机。

而第三个层次就是生命的问题。子在川上曰：“逝者如斯夫，不舍昼夜。”（《论语・子罕》）我们知道，人的生命是持续的，而不仅仅说，从生到死这样一个过程，这仅仅是一个阶段。那怎么来证明、证实人死了以后还有？根据科学的观点，你不能证明人死了以后没有，那么就能够说明人死了以后还有，生命还存在。也就是说你不能证伪，那么它就可能证真。因为你不能证明，不能证实，那就要靠信仰。有些人信仰人死了以后还有，有些人认为人死了以后如灯灭，没有。这个就是一种信仰和不信仰的人的区别。有信仰，它就会成为人的性格里面一种稳定的力量和作用，这样的话，自己就会从内心里来规范自己，约束自己。

第四个层次就是生死问题，我们常常讲生死事大，是很大的一件事。我们人怎么来到世间的，最后我们人怎么离开这个世间的，这是一个非常大的命题。孔子说过："未知生，焉知死。"（《论语·先进》）就是说这个生的事情没搞清楚，死后的事就更搞不清楚了。那么佛教主要就要回答生死问题，就是更多情况下，它所关注的是死以后的这种生命的存在，研究的是死后让自己能够过得更好。所以这样的一种精神、思想就非常容易唤起我们自己内在的道德方面的自律。

我们现在从外在来讲，有三种思想对我们人的影响比较大。改革开放以后，西方的一些文化传入到我国来，像人类中心主义、个人中心主义、物质主义。物质主义，现在也发生了金融的危机，就是资本发生了危机。它认为有钱就什么事都可以办，有资本什么事都能够办。现在知道资本也是有泡沫的，里面也是有做假的，做了很多金融的伪劣产品，很多人买了以后受害。这说明西方的社会依然有很严重的道德方面的危机。所以我觉得，道德危机是全球性的，不是哪一个国家、哪一个民族、哪一个区域所特有的，它是现代社会一个比较严重的普遍问题。

科学要解决的问题仅仅是相对的、一时的、辩证的，科学永远没有最后的结论，它只有相对的结论，没有绝对的结论。那么宗教就不如此。宗教的命题相对来讲都是比较绝对的，比如说佛教讲人要成佛，他做的一切目的都是为了要成佛。成佛有三个不同的层次，第一个是安乐道，第二个是解脱道，第三个是菩提道。安乐道是比较基础的，什么意思呢？人都追求平安、快乐，而这种平安和快乐，不仅仅局限于我们现世平安快乐，后世也要平安和快乐。你要做到平安和快乐，就要为善去恶：诸恶莫作，众善奉行，做好事，不做坏事，才能够得到内心的平安，才能够得到内心的快乐，自己才会有幸福可言。如果不为善，就不会有快乐；如果不断恶，也不会有快乐。这是第一个层次。

第二个层次是解脱道，解脱道就是要解脱人内在的烦恼。你不做坏事，做好事，但你还有烦恼，好事做久了，做烦了，你坏事一点都不做，也是很不容易做到的，那是因为你内心有烦恼。那内心有些什么烦恼呢？有六个烦恼：贪、嗔、痴、慢、疑、恶见。贪，就是贪心、贪着，我们每个人都会有贪心。不同的人，他贪的形式是不一样的，比较严重的就是财、色、名、食、睡，用佛教的话来讲叫做五欲。“财色名食睡，地狱五条根”，通到地狱里的五个根本原因，这是人普遍所要追求的、贪着的，而佛教说这是人的贪心、贪婪、贪欲的一种表现。嗔，就是你贪不到的，内心难过，发脾气，发火，乃至跟人家打架斗殴、发动战争，等等，这都是人嗔心的表现。痴呢？就是无明烦恼，就是人没有智慧。慢，就是傲慢，看不起别人，这也是比较严重的问题。弱肉强食也是“慢心”的一种表现。疑，就是怀疑，现在我们谈文化自信。过去我们一直说对我们的文化要进行反省，甚至对我们的这个传统文化是否能够对社会的进步和发展有利，有相当多的人是持怀疑态度的，这个影响很大。我们正在文化自觉，文化自信的提法很好。恶见，又称为不正见，就是不正确的知见、不正确的见解、不正确的理论，这个也是很可怕的。也是在我们人的主观意识里的种种负面的、不健康的思想认识。用佛教来讲，都是需要对治、克服的。只有从人的内心当中去除了这六个根本的烦恼，其他枝末的烦恼才有办法得到对治。如果对根本的烦恼、烦恼的源头认识不清楚，那么很多问题都解决不了。我们只有真正认识到问题的源头，在源头方面查找到道德危机的根源，查找到什么叫作道德的问题，然后我们才会有正确的方法，才会有正确的途径，才会有正确的行为，来解决这些危机的问题。只要谈到佛教，就必须面对这些问题，这是我们对人生的一个态度。

王鲁湘：那么请教法师，清杂念，修身心，佛家理念如何提升自我？宗教在未来将起到怎样的作用？佛教的发展又会有怎样的贡献？

学诚法师：佛教讲，你要修行、要成佛，那也需要很长很长时间的努力，三大阿僧祇劫的修行才会达到，不是说一朝一夕能够做到的，是非常漫长的一个过程。所以我们在解脱道里很关键的就是要认识到我们的烦恼，然后来对治，让我们自己的内心清净，这样的话我们才能够步入到第三个层次——菩提道。

菩提道就是要发菩提心，走菩萨所走的路。菩提道的前提就是要有大悲心，慈能与乐，悲能拔苦。慈悲心它所面对的是所有的有情。所谓菩萨是印度话，翻译成汉语叫觉有情，觉悟有情，就是让所有的有情觉悟起来。他所要从事的就是这样的工作，以此为自己的使命，这是菩提道。在菩提道整个过程当中，菩萨要学五明：因明、声明、工巧明、医方明、内明。

因明，用现在的话来讲就是逻辑学，跟你说话要理性，要符合逻辑，在逻辑上面要能够站得住脚；声明，就是音韵学，各种的外语，都属于声明的范畴；工巧明，用现在的话来讲就是科学技术，就是要掌握科学；医方明，要懂得医学；内明就是佛学。所以，要成为一个菩萨，菩萨要成佛，他首先要掌握这五个方面的知识。从这方面我们就能够看到佛教的慈悲心的具体体现。做这些，菩萨完全都是无私的，完全都是发自于内心的，这样的一种体现。这不是一种商品的交换，如果把这个道德沦为工具，那就会很可悲。

再具体到如何来实践菩萨道呢？佛教讲闻思修，“从闻思修，入三摩地”《楞严经·观世音菩萨耳根圆通章》）。闻，什么意思呢？就是听闻、接收，接收什么呢？接收信息，我说的话，你把它听进去了，你就接收了，就是闻。思呢？就是思考，听进去之后你还要分类，我讲的对啊错啊，讲得怎么样啊？有没有参考啊，对我有什么帮助啊？那就是思。思考就是信息的分类，闻就是信息的接收，修就是信息的处理。你听完了以后还要处理，不然我听了这些，好不好，我一天听了那么多，接触东西那么多，如果不处理的话，你这个U盘都会满，电脑都会满，头脑也会满，你必须要去处理，不要的把它屏蔽掉、把它放到垃圾箱里。这个就是修行，就是处理这个坏信息。证呢，就是巩固，好的信息要把它保存好，巩固好，所以佛教讲闻思修就是处理信息。这是非常重要的。因为我们这个信息非常多的，非常复杂，要经过我们的心来处理，让它简单化，将它分类。如果你没有分类、没有处理，我们的信息在我们头脑当中、在我们心里就会无序。要处理好这些信息，就必须从两个方面来处理：一个是从横向方面来处理，一个是从纵向方面来处理。从横向方面就是从现在整个的世界，从空间方面来处理；从纵向方面就是从时间方面，从我们整个人的无限生命这样的一个时间的长河来分析处理。因为我们现在一些事情的产生，它也有可能是因为过去信息在起作用，我们现在收储的信息，它未来也会起作用，所以我们需要从更宽广的空间、更长远的时间来认识事物，认识它的整体性，这是非常重要的。

那么佛是什么意思呢？觉悟。菩萨是觉有情，佛是觉悟的人。觉悟分成三种：第一种是自觉，自己觉悟了宇宙人生的真理；第二个觉他，帮助别人觉悟；第三个觉行圆满，他觉悟的这些行为已经圆满，做到家了，做好了，就名为佛。所以我觉得佛教既是一种信仰，也是一种文化。现在也有好多学者提出文化宗教、文化佛教。同时，佛教也是一种教育——宗教教育、生命教育；佛教也是一种道德，它有很多具体实践的德目。

爱因斯坦（Albert Einstein）曾经说过："未来的宗教将是一种宇宙的宗教。它将是一个超越人格化的神，远离一切教条和神学的宗教。这种宗教包含自然和精神两方面，作为一个有意义的统一体，必定是由建立事物的——无论是精神的，还是自然的——实践与体验而产生的宗教观念之上的，佛教符合这种特征。"爱因斯坦又说：如果他信仰宗教的话，就会选择信仰佛教。可以说，目前全世界信仰宗教的人已达到 86.7%，现在由宗教所引发的问题，乃至冲突也是屡见不鲜的。但佛教是一个宇宙的宗教，爱因斯坦说宇宙，是将整个宇宙作为自己的空间，它不是教条主义，他说佛教的这种理论是让我们去悟的，让我们去领会的，让我们去实践的，而不是让我们去照搬的，所以它不是一个教条主义的，同时它包含了自然和精神。爱因斯坦讲自然和精神，我们现在讲物质与精神，实际上自然与精神这种提法我觉得更加科学，这两个方面都具足，它有它的实践性，以及它的体验，宗教的体验、宗教的实践都有。在今后更长远的未来，我觉得我们佛教所发挥的作用会越来越大。

随着改革开放，尤其是我们融入到世贸体系之后，中国的社会与整个国际社会融为一体。我们在2006年、2009年召开了两届世界佛教论坛，第一届是在杭州开幕、普陀山闭幕，大会的主题是“和谐世界，从心开始”；第二届是在无锡开幕、台北闭幕，大会的主题是“和谐世界，众缘和合”。所以，我觉得今后要让我们的社会和谐，要让世界和谐，要从心开始，要众缘和合，那么这个社会、这个世界的道德问题就会越来越淡化，社会和世界就会越来越和谐，我们整个人类的生活就会越来越幸福、安宁与美好！

王鲁湘：非常感谢学诚法师的精彩开示！您其实在我们节目开场的时候引用了康德关于道德的一个讨论，关于道德的两个基本的前提，我理解其实就是时间和空间的两个无限性。这两个无限性是我们一些信仰的基础。所以佛教讲到我们的道德建设，讲到我们的人心人性的时候，就是从根本上要切断掉我们的根本烦恼、无明烦恼。这个根本烦恼和无明烦恼，在法师看来是不是我们当今建设一种新的公民道德的，也是一个基础性的东西。就是说，我们现在的公民道德和过去的传统道德，它一定有一种延续性，这种延续性是由道德本身的属性决定的，它一定要建立在一个比较绝对的基础之上，不能建立在一个相对的基础之上。那么请教法师：新时期人文精神有怎样的变化？佛教如何引导当今社会道德建设？道德的约束力如何完善？

学诚法师：道德是有连续性的，只有有连续性，才能够说明它的普遍性。如果说我们各个时期各个地方道德不一样，那么你就很难说谁对谁错。这个道德本身就是从我们人心、人性，人的这种本能出发的。就是人有病，人遇到困难，人发生了车祸，那么我们应该是无条件去帮助，我觉得每一个人都应该要有这种恻隐之心。不是说社会上别人那么做了，所以我要这么做，或者说是政府要求我这么做了，我才去做，或者说我如果不是这么去做，就会受到法律的什么制裁，而这些都不属于道德的范畴。很多人不愿意去做，或者说没有做到，或者说非常犹豫，他就是因为认识到，我做不做跟我自己有什么关系？他说我救也可以，我不救也可以。如果一旦他确信我不去救，就会有什么后果，那就会变成一种自觉的行为，他就会自律来要求自己应该怎么办，应该怎么做。

所以我觉得现在大家对于这方面的文化应增加了解、学习，特别是我们佛教文化方面，如果大家能够吸收这样的一些观念，我觉得也能够转化为我们人的自觉的行动。

王鲁湘：中国传统社会是一个建立在血缘宗法制度之上的社会，因而特别重视家庭伦理、家族伦理。但是确实它也带来一个问题，就是当这个家族成员或家庭成员，离开他那个社会环境，比如说他从一个乡村出来了，到了一个陌生的社会的时候，好像他的这种道德的约束力相对也就减弱了，他离开他那一个约束的环境，就开始比较放纵自己，就是在一个陌生社会中间，他突然觉得他可以为所欲为，这样一种道德的相对主义化，甚至是机会主义化，是不是对于我国的道德建设，包括我们每一个中国人道德的、心灵的、信仰的那种坚定性也会产生一种很不利的影响，如何克服这种影响？

学诚法师：我们过去讲伦常，伦有五伦——君臣、父子、夫妇、兄弟、朋友，这五种关系是不变的常道，所以叫作伦常。这个儒家的文化是在我们农耕社会背景之下形成的。而现在农村里的人，很多人都往城市跑。城市里住的人的一些结构跟过去已经有很大的不同了。过去一个村庄，都是你自己一个家族的人，姓王、姓张或姓李，都是同一个姓氏，同一个家族，这种关系和现在的城市里这种关系已经不太一样，所以我觉得现在的这种伦理，除了我们传统的这五伦，更主要的、更重要的，我们应该要强调社区伦理，应该要强调校园伦理，应该要强调环境伦理等等。

社区伦理，就是说不管你是哪里的人，我们应该有公共的行为准则和规范，然后才能让它形成一种风气，形成一种道德。校园里也是如此，如果这个老师讲了很多很多的课，并且他没有时间去过多地备课，他课如果讲不好，没尽到责任，那么我觉得他就会有道德的问题。如果一个学生经常逃课，不认真学习、不听课，对老师不尊重，我觉得这也是一个伦理问题和道德问题。如果说学校里的生活弄得不好，把伙食给克扣了，买的菜质量比较差，我觉得这里都存在一种伦理的问题。

环境的伦理也是一样，因为你住在这个公共的场合，你随便乱丢垃圾、吐痰，等等，或者随便放自己的一些衣物，这些都会影响到整个的环境。所以我觉得除了我们传统的伦理之外，中国儒家的文化、佛教的文化，还要来回应这个时代新的问题。

王鲁湘：我们现在进入现场提问的环节，有关一个人的心灵建设，包括我们社会道德建设的方面，有一些疑问，要请大师给开示的，请举手。

听众：主持人好，学诚法师好。我有个问题问学诚法师，最近中共十七届六中全会提出来，要继承和弘扬优秀的传统文化，要把中国建设成为一个文化强国，之前也提出要推进政治建设、经济建设、文化建设和社会建设。我的问题就是，佛教在建设文化强国这个过程中，能够起到一个什么样的作用呢？

学诚法师：你的题目很好。中共十七届六中全会里面提到文化强国，这是一个非常好的信号，也是一个非常重大的中央决策。在这个报告里还提到说，我们社会主义的核心价值观就是为人民服务。这个为人民服务，实际上我们过去也一直在谈，我觉得为人民服务这种提法，与佛教讲普度众生、讲报众生恩，是一致的。其次，关于社会建设，佛教有《优婆塞戒经》《仁王护国般若经》。我觉得这对社会建设都会有很多很好的辅助、参考的作用。我们佛教徒在寺院里进行宗教的活动，修行、修心、用功、办道，出了寺院，他依然可以参与到社会的各种生活、各种活动，尤其是在家的居士，他本身就来自于各行各业。所以我觉得，你在各行各业把自己的工作做好了，把自己的学习搞好了，把自己的家庭关系处理好了，家庭的和睦，以及单位里工作的和顺，社会的和谐，这些都可以用佛教的和合精神——众缘和合精神不断来示范，不断来传递。因为只有和，我们内心才会有快乐，和乐嘛！没有快乐是因为内心当中的不和，内心当中的纠结，那就没有快乐。

王鲁湘：非常感谢学诚法师的演讲。道是道路和路径。明确真理，实践正道，有所证悟，功成德具，称之为德。社会生活中其实不可能存在真正的道德真空。良善而有价值的人类生活需要道德伦理的指引。当代中国的道德建设正面临着经济、科技、文化发展以及由此而产生的新的生活方式的全新挑战。不管社会如何变迁，人们都要坚守作为人所应该具备的属性和道德规范。佛教伦理有着深广的兼容性，可以化解众多的人性两难和社会冲突。同时佛教伦理又有着简明的普适性和细致的生活条目，提供了明细的道德标准和便易的道德实践。以佛养性、建道积德或许不失为当代公民道德建设的一条有效途径。让正信、正道、正见成为我们民族信仰的根基，并转化为我们内心稳定而强大的精神力量。

II 章前语

全球化的人类，全球性的问题，要求有一个全球伦理准则为基础，这个基础就是各大宗教所共同启迪的人类智慧——“黄金法则”。

黄金法则：“己所不欲，勿施于人”或者“你希望人怎样待你，你也要怎样待人”。

宗教是人类文明的核心……人类多元化的宗教是多样性的文明存在的主要原因。由此，多元宗教间的和谐共处构成人类多样性文明和谐共处的前提和基础。

各个宗教在终极信仰上存在差异性和独特性的事实，并不代表着一定要对其他宗教采取封闭、排斥乃至对立的态度。

不同宗教之间的对话应该是开放性的学习型对话。开展对话的目的，并不是劝说其他宗教的信徒皈依本宗教，也不是弥合信仰层面的差距，产生一种新的统一的信仰；而是通过从其他宗教那里学习，加强自身的信仰，同时也可以让其他宗教信仰的人、不信仰宗教的人，也能分享到本宗教智慧之光。

无论哪一个文化传统，都是为了适应生存环境经过长期探索和努力奋斗而形成的，都是人类共通理念的独特展现。因此，并不存在一种适用于所有情况的最优文化模式。事实上，越是具有普遍性的理念，就越需要根据具体的时空因缘选择恰当的实践途径。

二十一世纪的宗教，不仅要鼓励信徒们追求彼岸世界的幸福，并以此终极关怀作为道德伦理的根基；同时也要鼓励信徒们积极关注社会，关注现实的苦难与苦难者，将此岸的奉献与彼岸的追求有机地统一起来。

让世界因多元宗教的存在而更加和谐更加美丽[①]

尊敬的大会主席，

尊敬的各位专家学者，

尊敬的各国宗教界同仁们：

首先，衷心感谢印度尼西亚多元文化协会和伊斯兰国立大学给我提供了这个十分珍贵的机会，使我能够和在座的各位欢聚一堂，共同讨论这个对当代人类具有重要现实意义和深远历史意义的大会主题，我感到非常荣幸。我今天演讲的题目是：让世界因多元宗教的存在而更加和谐、更加美丽。

刚刚过去的 2004 年 12 月 26 日，印度尼西亚苏门答腊岛

① 本文为 2005 年 2 月 3 日学诚法师在印度尼西亚雅加达第一届多宗教和平与和谐教育国际研讨会上的演讲。

附近海域强烈地震引发的海啸已经造成了各国 22 万 6 千多人生命丧失，无数个家庭支离破碎、骨肉离别，全人类陷入深深的悲痛之中。痛定思痛，我常常辗转反侧，彻夜难眠，我们人类应该从这一场由自然灾难演变成的世纪浩劫中得到怎样的警示？国际社会的及时救援对深陷灾难、翘首盼望重建家园的人们固然十分必要，但人们心灵中的创伤却永远无法抹去。死难者中，有的生命之花刚刚绽放，有的人生事业正如日中天，有的辛劳一生，正要安度晚年，但一场灾难瞬间吞噬了他们的生命，怎能让活着的人不为之伤心欲绝呢？正如佛陀所说：人命无常，国土危脆。生命极其宝贵但又极其脆弱，人类只有形成一个紧密合作的整体，才有可能免于被大自然的淫威各个击破，才有可能最大程度地提高防范自然灾害的能力，并把生命财产的损失降低到最低限度。也就是说，人类应当携起手来，超越国家、民族、宗教、文化、社会制度、意识形态、生活方式、价值观念的差别，共同研究对策、制订方案，有效防范大自然灾难，而不是把宝贵的生命，有限的时间、精力、财力花费在种族仇杀、宗教冲突、文化歧视、制度对峙、民族纷争、国家分裂、意识形态对抗和单一价值观的强行推广，而对因全球化日益加剧造成的国家之间的贫富分化、生态恶化冷漠无视，乃至以邻为壑，转移污染，以邻为敌，战火连绵，或为一己一国私利而对大自然采取杀鸡取卵式的掠夺。人类会在天灾的严酷打击之外遭受更为残酷的人祸摧残，这并非毫无根据的杞人忧天，而是千真万确的现实教训。

事实上，人类无视自然规律的所作所为每每无益于问题的解决，反而常常加重了问题的严重性。许多情况下人祸加剧了天灾，人力助长了自然力的淫威。反思这场世纪之灾，我们不难发现这个昭然若揭的道理。缺乏有效约束的能源消耗导致全球气候变暖，全球变暖导致海平面升高、海水污染、珊瑚礁受损等，这些都造成了沿海生态的脆弱和沿岸居民抗灾防灾能力的减弱。海啸、海浪、风暴、台风等自然威力在脆弱的生态和渺小的人类面前比以往要强大得多，其肆虐逞凶和毁灭人类的程度也要比过去巨大得多。大量科学研究表明，20 世纪全球海平面已平均上升了 10~20 厘米，联合国政府间气候变化委员会最新的报告指出，按目前全球各个国家对石化等能源的使用情况推算，到 2100 年，海平面还要上升 9~88 厘米，海平面上升的结果必然使沿海国家更容易遭受海啸、海浪、风暴和台风等的破坏。从沿海居民的住宅、交通和基础设施到农田、工厂、企业，从本地居民到旅游者，无不受到危害，甚至可能淹没平均海拔较低的国家（一帆，2005 年）。

是我们人类清醒的时候了。只有有力地杜绝人祸才能更有效地防范天灾，只有人与自然的和谐共存才是人类的唯一出路。

而杜绝人祸、实现人与自然和谐相处的基础是实现人与人之间（包括国家与国家、民族与民族、宗教与宗教之间）关系的和谐。如果发达国家与发展中国家之间的贫富差距（或称“南北问题”）得不到有效解决，那么在拯救生态危机的过程中就难以形成全人类的合力，生态危机终会由于人类内部的利益纷争所产生的巨大消耗而愈演愈烈，更不用说发达国家对发展中国家转嫁生态危机和利用市场机制掠夺发展中国家的自然资源，甚至有的国家拒绝接受《京都议定书》了。

那么又如何实现人与人之间的和谐和平呢？我们应该回到作为人类智慧伟大宝藏的各大传统宗教，谛听那些历久弥新、对人类具有永恒价值的伟大教导。穆罕默德教导说：“为众人寻求你自己所希望得到的，那么你就是一个信徒；善待邻居，你就是一个穆斯林。”“你自己所讨厌的，不要施与别人；你自己所喜欢的，施及于他人。”（罗斯特，2000 年）《古兰经》说：“众人啊！我确已从一男一女创造你们，我使你们成为许多民族和宗族，以使你们互相认识。”（《古兰经》

第 49 章第 13 节）《马太福音》教导人们："所以，无论何事，你们愿意人怎样待你们，你们也要怎样待人，因为这是律法和先知的道理。"（《圣经（和合本）》，马太福音，7:12）印度教《益世嘉言》里说："责任、正义、法律和道德的合法权的最终标志是这样的：你自己认为可爱和宝贵的，你自己内心所满意的，应认为别人也一样；你自己所不喜欢的，别人也一样不喜欢。谁能够设身处地感受他人的快乐与悲伤，他就是真正的瑜伽师，他真正地与万众一心。"（罗斯特，2000 年）佛教《本生经》里说："生命是同一的，痛苦的根源都一样，谁也不会用自己的一只手伤害另一只手，那样他自己会感到痛苦。"（罗斯特，2000 年）实际上，无论是印度教、耆那教、佛教、道教、锁罗亚斯德教、锡克教，还是犹太教、基督教、伊斯兰教、巴哈伊教，任何一个伟大的宗教都具有教导人类与他人和谐相处、平等对待、理解宽容、慈悲博爱的伟大教谕。正如亨利·赫胥黎（Henry Huxley）早在 1894 年就已经指出："致力于理想社会的人际关系的所有时代和所有宗教的道德学家都同意'黄金法则'，就像你希望怎样被对待的那样去对待别人。"（罗斯特，2000 年）

作为世界上各大宗教共同启示的"黄金法则"，不应当只是一个国家、一个民族、一个宗教、一个团体内部成员之间的道德伦理准则，更重要的它也是不同宗教、不同民族、不同国家之间的道德伦理准则。这一点在世界进入全球化的今天，在全球性问题日益突显的今天显得尤为重要。因为不同宗教、不同民族、不同国家之间的冷漠无情、以邻为壑、冲突争端、战争流血，会造成更多无辜生命的死亡和更大规模的自然灾难，从而加剧地球和人类危机。当前人类面临的每一个危机都不是哪一个或几个民族、国家和宗教能独立承担、独立消解的，只有靠全人类通力合作、携手共进，才能减轻和消除贫富分化、人口膨胀乃至环境污染、生态恶化、艾滋病蔓延等问题。因此，全球化的人类，全球性的问题，要求有一个全球伦理准则为基础，这个基础就是各大宗教所共同启迪的人类智慧——“黄金法则”。

全球伦理是全球性问题的必然要求，而各大宗教所共同具备并构成其共同特征的“黄金法则”则是这种全球伦理的价值基础和源头。无论是生态可持续发展、经济可持续发展还是社会可持续发展，每一种可持续发展都需要我们人类以世界各大宗教共同启示的“黄金法则”作为面向未来的价值引导。保罗·尼特（Paul F. Knitter）在《一个地球多种宗教——

多信仰对话与全球责任》中为我们描述了一幅令人心痛的当代人类苦难的面谱（身体的苦难——由于贫困；地球的苦难——由于滥用；圣灵的苦难——由于伤害），并把全球责任作为多种信仰间对话的共同基础。实际上这是全球化趋势的客观必然要求。全球经济的一体化将世界各个国家的经济紧密联系在一起，一个国家或地区的经济出现危机，会影响到其他国家和地区甚至全球，并进而导致这些国家和地区的社会动荡、混乱乃至引发政治危机。在经济全球化的背景下，一个国家和地区的政治危机也可能会迅速波及其他国家和地区；同时，一个国家、一个民族的文化也会很快地超越民族、国家、地区，在全球传播并产生广泛影响，并与其他文化发生交流、融合乃至碰撞、冲突。在全球化时代，人类从未像现在这样空前紧密地联系在一起，人类也从未像现在这样必须切实承担起全球责任，遵循全球伦理准则。而在这个过程中，多种宗教的参与是不可或缺的。正如孔汉思（Hans Kung）所认为："持久的全球行为所必需的那种全球伦理，若没有宗教的贡献，是不可能实现的。"

当然，我们十分清醒地认识到：要把各大宗教所启迪的并构成其共同特征的伟大智慧——"黄金法则"变成全人类所共同遵奉的全球伦理准则，世界各大宗教、世界各国的宗教界任重道远，而其中最为迫在眉睫、最为至关紧要的是要实现世界各宗教间的和谐和平。正如孔汉思所言：“没有一种世界伦理则人类无法生存，没有宗教间的和平则没有世界和平，而没有宗教间的对话则没有宗教间的和平。”因此，世界各宗教应怀着宽容、友善、仁慈、平等的胸襟进行广泛深入的交往和对话，并把宗教宽容和宗教和谐视为当代宗教徒应有的品质加以大力弘扬，加以精心培育。各大宗教应从人类的共同福祉出发，远离狭隘和偏见，相互理解和沟通，彼此欣赏和宽容，把握仁慈和善良，避免敌视和仇恨，带给人类快乐祥和，让各宗教之间、宗教徒之间的和谐和平成为人类群体之间、个人之间和谐和平关系的典范。只有这样，才能把各大宗教所共同启迪的“黄金法则”教导给人类社会，使不同宗教信仰、不同文明、不同社会制度、不同民族、不同国家、不同生活方式、不同价值观念的人们能够和谐共处，共同增进人类的和谐、和平和幸福。如果各宗教之间、宗教徒之间争端不断、流血不止，那是对宗教精神的最大背离和最大践踏；如果打着宗教的旗号煽动和制造冲突、分裂、仇恨和动乱，进行暴力、恐怖和邪教活动，那是宗教的不幸和悲哀，也是人类的不幸和悲哀。各宗教应是人类精神生活的灯塔，引领人类之舟绕过对抗、冲突、战争、流血、恐怖活动的礁石，驶出贫富分化、环境恶化、军备竞赛的误区，到达安定祥和、和谐和平的理想彼岸，让我们的世界因多元宗教的存在而更加和谐、更加美丽，让我们的国家因多元宗教的存在而更加安宁、更加和平。

在这里我欣慰地告诉各位：在今日中国，多元宗教地位平等，相互尊重、相互包容、和睦相处，从未发生过宗教纷争，在宪法和法律的保护下享受全面的宗教信仰自由。在中国政府和中国宗教界和平委员会的共同努力下，各宗教在宽容的环境中形成了讲究和谐、崇尚和平的优良传统。各宗教间紧密团结，通力合作，为维护民族团结、社会稳定、国家统一，为促进世界和平与共同发展竭心尽力。1995 年，广州市佛教、道教、伊斯兰教、天主教、基督教五个宗教团体共同倡议，联合成立了广州市宗教界支持民族教育联合会。这一宗教慈善团体，以发动广大信教群众关心和支持少数民族贫困地区教育事业，帮助少数民族地区生活最贫困的学生为宗旨。9 年来，联合会共捐款 1200 多万元帮助民族地区新建、改建中小学校舍 20 余所，资助贫困家庭学生 1000 多人，受到社会各界的广泛赞誉。当然，广州市宗教界只是中国宗教界一个缩影，只是中国宗教和平和谐、致力服务社会的一个体现。

我相信，多元宗教能在中国和其他一些国家和平和谐、共存共荣，也一定能在全世界和平和谐、共存共荣；我相信，世界一定会因多元宗教的存在而更加和谐、更加美丽！

共享宗教智慧　共享和平安全①

尊敬的大会主席，

尊敬的世界各国的宗教领袖们：

36 年前，世界宗教界的伟大先贤们以慈悲和博爱、智慧和勇气共同缔造了世界宗教和平会议（WCRP），以宗教智慧的火炬，照亮了人类共建和平的康庄大道。今天，当我荣幸地与在座诸位宗教领袖们一起探讨这个对世界人类具有重要现实意义和永恒价值的大会主题时，我对创立世界宗教和平会议的世界宗教界的伟大先贤们表示由衷的钦佩，对几十年来不辞辛

① 本文为 2006 年 8 月 27 日学诚法师在世界宗教和平会议第八届大会上的演讲。

苦为人类和平事业殚精竭虑、默默奉献的“世宗和”委员们表示崇高的敬意。同时，作为“世宗和”中国委员会的一员，作为致力于人类和平事业的后继者，我和中国代表团的每一位成员一样，都真切地感到使命神圣、任重道远。在此，谨让我代表中国宗教界和平委员会和中国佛教协会衷心感谢世界宗教和平会议和此次大会的承办者——世界宗教和平会议日本委员会为大会所作的精心组织与周到安排，并真诚祝愿此次大会圆满成功!

我今天演讲的题目是：共享宗教智慧，共享和平安全。

一、宗教的产生是人类社会从蒙昧走向文明的标志。宗教是人类文明的核心和灵魂。世界各大宗教是世界各大文明的核心和灵魂，因而世界各大宗教都拥有放弃暴力、共享和平安全的伟大教谕。耶稣基督在他开始宣扬福音、建立教会之时,就宣布了天主教信仰的总纲,即真福八端,而“缔造和平”就是八端中的一条，“缔造和平的人是有福的，因为他们将成为天主的儿女”（《圣经（和合本）》，马太福音》5：9）。耶稣基督不仅教导人类，无论种族、肤色、文化、国籍，大家都是天父所创造，应情同手足，相亲相爱；更以自己的苦难和死亡，宽恕罪人，造就和平，开辟了人类彼此之间相互理解、彼此宽容、和平共处的合一之路。耶稣宽恕罪人，宽恕迫害自己、杀害自己的人，以无穷的苦难和牺牲生命为代价，践行彼此相爱的使命，为人类树立了拒绝暴力、奉献大爱、铸就和平的伟大典范。今天的人类应该从这位“和平的君王”身上得到哪些启示、获得哪些教益，值得我们深思。同样，作为伟大宗教之一，伊斯兰教也是以和平为其基本教义精神。“伊斯兰”，阿拉伯语之意即是“顺从和平”；“穆斯林”即是“顺从者”“和平者”，就是顺从真主并谋求和平的人。穆圣本人就是一位伟大的和平使者，他用一生宣扬和实践了和平。当有人问穆圣：伊斯兰最宝贵者是什么？穆圣回答：“就是用自身的力量和语言使穆斯林得到和平，使人们的财产和生命得到安全。”穆圣教导信徒：“凡信仰真主和后世者，让他善待邻居；凡信仰真主和后世者，让他款待客人；凡信仰真主者，让他讲善言，或者沉默。”真主美名之一就是“和平”。《古兰经》云：“信道的人们啊！你们当全体入在和平教中，不要跟随恶魔的步伐，他确是你们的明敌。”（《古兰经》2：208）这些都清楚地表明伊斯兰教是热爱和平、追求和平并以实际行动维护和平，反对一切阻碍和平的言行的伟大宗教。佛教的世界和平理念则奠定在其缘起论与慈悲观的理论基础上，因而“佛教徒对和平的向往与追求，是佛陀平等护念一切众生的大慈悲心的体现”。佛陀教导人们要“勤修戒定慧，息灭贪嗔痴”，就是要人们放弃贪婪、舍弃嗔恨、转识成智、转迷成悟，以达到内心清净、寂静安乐，从而消除暴力产生的内在根源。而如果每一个人都能内心清净，那么由个人组成的社会、国家、世界也必然清净无诤，即所谓“心净则国土净”。放弃贪婪，内心必定产生帮助他人的真诚愿望；舍弃嗔恨，内心必定产生同情他人的慈悲之情；而洞彻宇宙人生真相、由痴转明，则会让我们远离囿于一己之私、一族之利、一国之得、一教之见的我执我见，以众生平等的精神去关心一切众生、帮助一切众生。《长阿含经》记载：摩羯陀国阿阇世王准备讨伐邻国跋祇族，派遣雨势大臣拜访佛陀，佛陀即时说服，成功阻止了这场战争。还有一次，释迦族同临族克萨喇人因使用灌溉水源问题发生争执，暴力冲突一触即发。佛陀知道此事后立即前往劝阻，说服了双方，解决了争端，使两族和睦相处。当琉璃王发动战争攻打迦毗罗卫国时，佛陀以大慈无畏的精神感动了琉璃王，阻止了一场残酷的战争。佛陀确是缔造世界和平的使者。实际上，无论是印度教、锡克教、耆那教、佛教、道教、琐罗亚斯德教，还是犹太教、天主教、基督教、伊斯兰教、巴哈伊教，还是其他宗教，任何一个伟大的宗教都拥有教导人类与他人、他族、他国人民和平共处、平等相待、相互宽容、视人如己、慈悲博爱的伟大教谕。而令人悲哀的是，当今世界人类种族仇杀、宗教冲突、文明歧视、民族纷争、局部战争，以及由恐怖主义、分离主义、极端主义所带来的种种暴力事件，不仅依然严重存在，并且有愈演愈烈、变本加厉之势。肆虐横行的暴力活动正在使越来越多的生灵死于非命，越来越多的家庭支离破碎，越来越多的难民背井离乡、辗转沟壑乃至贫病交加、客死他乡。这不幸的事实使我们对这次大会主题的讨论变得愈发沉重和急迫，凸现了大会的现实意义，但同时也让我们思考：为什么人类世界没能听从作为世界文明结晶的各大宗教的伟大教导，在暴力的泥潭中越陷越深，而使和平安全的希望之光日益黯淡？我们恳切呼吁世界各大宗教要真真正正、切切实实地把宗教和平智慧的种子播撒到每一个信徒的心田中，细心地加以呵护耕耘、培植，让他们长成和平的参天大树，结出和平的丰硕果实；不要让宗教的和平智慧仅为少数宗教领袖所享有，仅为少数宗教学者所认同，而要使宗教的和平智慧为所有宗教徒所拥有、为人类全体所拥有。共享宗教智慧，才能共享和平安全。毕竟人类和平安全是宗教关切的永恒主题。

二、“共享宗教智慧，共享和平安全”，对世界各国的政治领袖们来说具有特殊的意义。因为当我们考察在全球到处蔓延的暴力活动时，我们发现，无论是种族仇杀、宗教冲突、文明歧视、民族纷争、意识形态对抗，还是各种假借宗教名义进行暴力活动的极端主义、恐怖主义、分离主义乃至人与自然关系的恶化，常常与公正合理、和平稳定的国际政治经济秩序及国内公正合理的分配体制的缺失有关。而且这种趋势在不断地为日益加速的全球化所加剧。据统计，2003 年全球人口为 63 亿，国民生产总值约 36 万亿美元，人均 5700 多美元，人均量是 1650 年的近 30 倍，1830 年的近 20 倍，按理每个人都可以过上相当富裕的生活，但残酷的现实却是：今天全球有 12 亿人生活在贫困线以下，有 10 亿人比 25 年前更加贫穷，每天至少有 25000 人因饮用了被污染的水而死亡，每年仅腹泻就夺去了 460 万名儿童的生命。1996 年全球 348 个最富有的人的净资产与世界上最贫穷的 23 亿人（占当时世界总人口 45%）收入总和相等。据联合国发展计划署《1998

年人类发展报告》，第三世界基础设施开支不足的项目如：基础教育支出每年60亿美元，供水和卫生设施支出90亿美元，健康和粮食保障支出130亿美元。而与此构成巨大反差和巨大讽刺的事实是，每年世界军备支出为7800亿美元，毒品支出为4000亿美元，欧洲香烟支出为500亿美元，日本商人的生活费支出为350亿美元，美国化妆品消费支出为80亿美元，美国军费支出为2500多亿美元，而全世界用于消除饥饿的开支仅为190亿美元。另据世界银行2003年世界GDP和人口统计数据，七国集团共占世界人口的11%，GDP占世界的65%，其余地区人口占世界89%，GDP仅占35%。亚洲和太平洋地区人口占世界的52%，GDP仅占8%；撒哈拉以南地区人口占世界的11%，GDP仅占1%。2000年世界净投资达1.5万亿美元，其中82%分配给了发达国家，而最需要投资的非洲只分配了1%。在发达国家内部贫富分化也日益严重，据一家设在芝加哥的财富调查公司（Spectrem Group）2005年公布的最新调查，2004年美国拥有百万净资产的家庭比2003年增加8%，同年贫困人口占总人口的比例却由2003年的12.5%上升到12.7%，总人数从3590万上升到3700万，平均每8个美国人中就有1人生活在贫困中。而据《今日美国报》

（USA Today）2005 年 6 月的调查，美国有 72.7 万多人无家可归，即每 400 个美国人当中就有 1 人无家可归。与贫富悬殊相伴的是暴力犯罪十分严重。据美国司法部 2005 年 9 月 25 日公布的报告，2004 年美国共发生暴力犯罪案 518.267 万起，每 47 个美国公民中就有 1 人是受害者。这些数据表明，无论是一个国家内部的社会不公，还是国际社会的不公正，都会带来贫富分化、贫困疾病、麻木绝望、自私冷漠、恃强凌弱、弱肉强食，当这种矛盾累积到一定的程度，使弱势者感到自己权益得不到尊重和维护甚至受到严重侵犯又觉得无法用非暴力的形式加以解决时，暴力便成为唯一的选择。从一般的刑事犯罪到恐怖主义、分离主义、极端主义暴力活动，都可以找到其存在于社会生活各个领域（包括政治、经济、民族关系以及人与人之间关系）的社会不公的根源。"和平是'秩序的和谐'。和平是正义的工程、爱德的成果"（《天主教教理》第 2304 条），正义的失衡必然破坏和平与安全。没有正义，就没有和平；没有正义的社会就没有和平安全的国家和世界。这一点应引起世界各国政治领袖的高度关注，特别是在全球化过程中制定规则、主导进程、尽享益处的发达国家的政治领袖们应关注：如果全球化的结果是极少数发达国家、极少数个人独享成果，而众多不发达国家、大多数人民受惠极少甚而一无所获，全球公正日益丧失，和平与安全必然会失去基础而成为空中楼阁、梦幻泡影。当然，霸权主义和强权政治也绝不可能带来和平安全，在构建和平安全的新世界的伟大事业中，仅有宗教领袖们的努力是远远不够的，必须让世界各国的政治领袖们与宗教领袖们携起手来共享宗教和平智慧，共同营造公正合理、和平稳定的国际政治经济新秩序与平等和睦、共同发展的国内政治经济制度，共同开创和平安全新世界。

三、共享宗教智慧，让那些假借宗教名义实施恐怖主义、分离主义、极端主义阴谋，到处制造血腥暴力事件的人来说，就是要让他们清醒：暴力违背宗教教谕，泯灭人性尊严，摧毁文明根基，屠杀无辜生灵；暴力构成对世界文明及作为文明核心的宗教的最大伤害；暴力不可能使世界变得更文明，以暴易暴只能让世界变得更加动荡、更加混乱、更加野蛮。共享宗教智慧就是要让那些为恐怖主义、分离主义、极端主义种种美丽幌子所诱骗的人清醒过来。

今天，我们应该感到欣慰的是，国际社会越来越多的宗教界人士和有识之士已经认识到宗教和谐对于社会和谐与世界和谐的重要意义，倡导多元文化、开展和平教育已经成为大家的自觉行动。

1994 年，以“友好、和平、发展、合作”为宗旨，中国佛教、道教、伊斯兰教、天主教、基督教的代表人士共同组成了中国宗教界和平委员会。1995 年 8 月，“中宗和”召开纪念世界反法西斯战争与中国人民抗日战争胜利 50 周年座谈会，发表了《中国宗教界和平文告》。它呼吁各宗教的信徒共同携起手来维护和平、反对战争，倡议中国各宗教在全国范围内同时举行祈祷世界和平的仪式，并设立中国宗教徒“祈祷世界和平周”。会后，中国 30 个省、市包括 5 个民族自治区的佛教、道教、伊斯兰教、天主教、基督教团体积极响应“中宗和”的倡议，同时组织了祈祷世界和平的宗教仪式，数以千万计的宗教徒参加了祈祷活动。毋庸置疑，此项活动及其通过中国各个新闻媒体的传播，所起到的和平教育作用十分巨大而深远。从那时起，中国宗教徒“祈祷世界和平周”每年举办一次，至今已持续 11 年。2005 年，在“中宗和”的主持下，中国佛教协会和中国道教协会分别邀请中国香港、澳门、台湾地区佛教界、道教界人士分别参加了在北京、江苏两地举行的祈祷世界和平大法会，使这项活动的规模和影响进一步扩大。“中宗和”开展这一系列活动，大大促进了中国各宗教的和睦与团结，促进了中国各宗教信徒对文明、和谐、和平的向往和追求。

今年 4 月，首届“世界佛教论坛”在中国成功举办。论坛的主题是“和谐世界，从心开始”。这一主题得到各国与会者的一致赞同。因为，它揭示了一个最基本也是最深刻的道理：“和谐世界”是我们的努力方向，“从心开始”是我们迈向和谐的出发点。没有内心的和平就没有外在世界的和平。今日中国，社会和谐、民族团结、宗教和睦，这与中国各宗教平等互助、相互尊重、共同弘扬宗教智慧、协力济世利人是分不开的。据我所知，中国道教界正在酝酿于明年举办主题为“和谐世界，以道相通”的国际道德经论坛；中国基督教（天主教和新教）、中国伊斯兰教也在准备向世界介绍中国基督教与伊斯兰教和谐共存的“东方模式”。

今天，我们在这里举行“世宗和”第八届大会，共同探讨如何抵制暴力、共享安全，凸显了世界各宗教对当今世界和人类命运的共同关注、清醒认识和对社会和谐、世界和平的不懈努力。其意义将重大而深刻，其影响将深远而长久。

我相信，只要世界各宗教携起手来，共享宗教智慧，心多有和谐之想，意长存向善之念，做和谐之典范，行慈悲之教化，则人类可心心相印，世界可和平安全。

谢谢大家！

开展多元宗教对话　共建和谐世界①

首先，我谨代表中国佛教协会，对伊斯兰世界联盟邀请中国佛教界出席这次大会表示衷心的感谢！

有缘与各位相聚在欧洲历史名城马德里，共话多宗教对话与世界和平这一重要的议题，感到十分高兴。在伊盟刚刚于麦加举行的伊斯兰国际对话会议上，沙特国王阿卜杜拉（Abdullah Bin Abdul-Aziz）陛下所发起的关于加强多宗教对话，特别是东方各信仰之间对话的倡议，获得了广泛的认同与赞誉。根据参加大会的宗教领袖和学者的提议，国王陛下再次倡导在西班牙马德里举行世界对话大会，对此我们深表赞叹，并相信

① 本文为2008年7月17日，学诚法师在西班牙马德里“世界对话大会”上的演讲。

大会定将在加强各大宗教的联系、构建和谐世界、保护生态环境，以及促进宗教对建立幸福家庭与和谐社会的作用等方面，产生更加重要的作用和深远的影响。

进入21世纪的人类，由于交通工具的巨大改进，市场体制的普遍采用，以及信息传递技术的革命，已经快速地跨入了“信息化、全球化、一体化”的时代。在今天这个“地球村”里，人与人之间的联系空前密切，不同的国家、民族、宗教、文化之间有了越来越多的机会产生交流与互动。这些互动机会的与日俱增，一方面让我们的世界有望呈现“百花齐放”的精彩与美丽；一方面也使人类的各族群之间，包括不同的宗教团体之间爆发对立与冲突的危险不断增加。在全球60多亿人口中，近50亿人有着某种宗教信仰，几大传统宗教都拥有着数以亿计的虔诚信徒，宗教之间的对话与和谐，对于世界和平与人类文明的有序发展有着重大的意义，也因此受到世界各国宗教人士及学者的高度重视。

宗教对话和全球伦理的倡导者之一列奥纳德·斯威德勒（Leonard Swidler）曾经把宗教对话分成三个层次：“手”的对话、“心”的对话和“头”的对话。“头”的对话主要是指哲学的、理性的、知识层面的对话；“心”的对话是指基于各种情感和情感表达的对话；而“手”的对话则是指具体的行动、伦理实践层面的对话（梁卫霞，2007 年）。也有学者把宗教对话的层次依着“宗教信仰”和“宗教文化”来区分，前者“涵指宗教中的永恒意义和超越因素”，后者“则是宗教永恒意义在尘世和时间中的实现”（段德智，2002 年）。实际上我们认为，按照“宗教信仰”“文化纽带”“伦理实践”三个层面来探讨“宗教对话”的问题，更容易对其可行性和可能的操作模式产生全面的认识。

在对待其他宗教信仰的基本态度问题上，积极倡导宗教对话的英国宗教哲学家约翰·希克（John Hick）曾经以基督教为例分成三种——排他主义、兼容主义、多元主义（希克，2000 年），而这三种模式都是在终极信仰的层面上加以区分的。排他主义坚信只有通过自己宗教所尊崇的神圣对象与经典才可能趋向终极真理和生命的超越，这是传统上各宗教的信奉者普遍采取的态度，以梵蒂冈第二次大公会议为代表。兼容主义采取了另一种态度：各个宗教都是本宗教的神圣对象用来拯救不同人群的道路。而希克所倡导的多元主义模式则认为，存在一种“终极实在”，各个宗教都是对这同一终极实在的不同认识，都在某种程度上能够产生“救赎”的作用。

希克的宗教多元论引起了很多人的重视，但也遭到了不少人的批评，而批评的核心则在于其有可能消减各个宗教的独立特性。实际上，在“终极信仰”层面上，世界几大传统宗教的确存在着相当的差异。比如，基督教相信“上帝道成肉身为耶稣基督，上帝的启示在耶稣基督里”；伊斯兰教信奉唯一的“真主安拉”，并尊穆罕默德为最后、最重要的先知；印度教把“梵我合一”作为通向解脱的最高目标；而佛教则以“缘起性空”为宇宙的真理，并信仰佛陀为“一切智智”的觉悟者。试图在哲学层面上消弭这种差异性的理想，虽然有令人敬佩和予人启发的一面，却有一种过分乐观和空想主义的倾向，也不太容易为各大宗教信徒中的大多数所接受。

不过，各个宗教在终极信仰上存在差异性和独特性的事实，并不代表着一定要对其他宗教采取封闭、排斥乃至对立的态度。特别是在今天这个全球化的时代，能够对其他宗教和文化多一些了解，就会增进一份理解，减少许多不必要的误解，从而避免许多由于宗教问题产生的不和谐。例如，有些人由于对“吉哈德”一词缺乏正确、全面的认识，简单地把少数恐怖主义对此的滥用作为伊斯兰教的教义本身，由此所作出的负面评价引起了广大穆斯林的强烈反应。实际上，“吉哈德”的真正内涵是“为主道而奋斗”，虽然这种奋斗可能采取战斗的形式，但《古兰经》要求这种战斗完全是为了自卫和防御，并且绝不允许滥杀无辜。正确地理解世界各大宗教的基本教义，就会发现它们都体现了对人类的终极关怀，都倡导奉献、和平、慈爱的良善道德。所以，作为一名真正的宗教徒，对于其他宗教信仰应该充分地理解、尊重乃至欣赏。例如，无论对于任何众生，只要是其思想、行为有可取之处，佛教都讲求“随喜”的精神，更何况各大宗教蕴含着许多博大深邃的宗教智慧，正如佛教的《华严经》所说：“十方一切世界，六趣四生，一切种类，所有功德，乃至一尘，我皆随喜。”

对于宗教信仰根本主张上的分歧，一方面应提倡理解、宽容的态度，一方面也可借鉴东方传统的做法，鼓励以开放的心态，通过和平的手段进行面对面的交流。比如，在古印度的宗教生活中，存在着多种宗教学说进行交流及和平竞争的良性机制：在宗教的哲学思想上互相学习借鉴，并进行有组织的讨论和公开辩论。通过这种做法，不仅使宗教间的矛盾不至诉诸暴力或阴谋的恶劣手段，而且让真理有机会越辩越明，让各个宗教都有机会呈现自己教义当中的智慧与精彩，并且能够促进宗教人才的不断涌现和各宗教思想的发展。历史上著名的佛教学术中心那烂陀寺就是体现这种开放的学习、交流模式的典型代表。同样，这种“百花齐放、百家争鸣”的和平交流和竞争方式，在古代的中国也有所体现，使得儒释道等多种学说都能够在互相学习、讨论、辩论、交锋当中不断发展，而又基本保持彼此间和谐共处。世易时移，今天全球各宗教之间在哲学、信仰上的对话虽不一定在形式上照搬古人，但东方传统信仰所展现出的开放心态、“非暴力”的和平精神和尊重真理的态度仍然值得借鉴。

如果说，由于各教教义有别，直接在哲学、信仰层次进行对话存在相当难度的话，以“文化为纽带”的交流则显得更为切实可行。“文化”本身可以含摄很多内容，对于宗教文化而言，至少可分为宗教艺术文化、相关仪式制度方面的文化、宗教精神文化等多个层次。其中，宗教艺术通过音乐、美术、建筑等形式，不仅宗教与宗教之间可以展开交流，乃至于可以向不信仰宗教的人士展示宗教文化的魅力，因为艺术本身就是超越国界、种族和宗教的语言。相比于世俗艺术，宗教艺术有一种超凡脱俗的美感，使人的精神在真善美的欣赏中得以升华、净化，并由此对宗教本身产生认同感。历史上，欧洲许多著名音乐家的重要作品都与宗教有关，有些传世之作完全属于宗教音乐，但却在超越宗教的层次上得到了全世界音乐爱好者的认同。近年来，中国大陆和港台的多个佛乐团曾经到欧美进行演出，受到了广泛的好评，对于东西方宗教文化的交流做出了值得称道的贡献。

世界各大传统宗教在千百年来的发展中，形成了各自独特的宗教制度及相关文化，其中包括获得宗教体验的方式，进行宗教礼拜的仪式轨则，教职人员的教育、组织，生活中所应遵行的律法等等。由于宗教本身都是对于世俗生活的超越，都强调对于所信仰的神圣对象的尊崇，因此其制度及相关文化有许多相通之处。特别是进入现代社会以来，由于现代物质文明带来的冲击，各大宗教都同样面临着如何将传统的宗教制度与现代化相适应的问题，在这一点上完全可以展开交流，相互学习借鉴。例如，东方宗教中，佛教和印度教的禅观、冥想实践有着突出的特色，在近代曾经影响了基督教的神秘主义教派，相信也可以对其他宗教的宗教体验方式产生重要的启发。伊斯兰教对于传统宗教仪式、制度保持得比较完整，每天五次礼拜的规则，斋月净心的种种实践，乃至麦加朝圣的传统，仍然为今天广大的穆斯林所尊奉。在应对现代化的过程中，犹太教的改革开始于 19 世纪的德国，并在 20 世纪的美国得到进一步的发展。经过多年的变革，犹太人一方面接纳了科学，在制度层面实现了相当程度的现代化，同时在精神文化、信仰上仍较好地维系了传统，这种调和现代与传统的经验十分可贵。相比而言，进入现代的基督教更加重视参与社会服务，积极开展各种社会慈善、福利事业。

各大宗教的伦理实践虽可看作宗教文化的一部分，但因其对人类社会发展和宗教对话本身的重要性，特别就此重点加以讨论。诚如保罗·尼特（Paul Knitter）在《一个地球多种宗教——多信仰对话与全球责任》所说："宗教间会谈必须面对人和大地日益深重的苦难，把它背后的伦理问题作为最紧迫的议程。……苦难具有普遍性和直接性，这使得它成为确立宗教间相遇的共同基础的最合适也是最需要的地方。"（尼特，2003 年）同样，孔汉思（Hans Kung）在《世界伦理构想》中，深刻地描绘了人类和地球正在经受的苦难，呼吁宗教界进行对话，共同付诸伦理实践的行动，建构一种全球伦理（孔汉思，2002 年）。实际上，在人类现代化的进程中，物质文明的发展一方面给人类带来了很多的财富与便利，一方面也带来了许多灾难与痛苦。由于人类对自然界的过度掠夺，导致了严重的生态失衡、环境恶化和能源日渐枯竭，特别是人类活动造成的全球气候异常更为令人担忧。片面追求物质使许多人的精神世界趋向庸俗化，道德日趋堕落，失去了精神家园的人们借助毒品来麻痹自己的心灵。从全球离婚率、犯罪率的不断攀升到艾滋病的泛滥，从全球贫富分化到恐怖主义的蔓延，从不断增加的核扩散危险到地区战争阴影的笼罩，这一切都在毫不留情地剥夺着人类生活的幸福和安乐。这一切的苦难和问题，即使作为一名普通的地球公民尚且不能漠视，更何况是每一种以赋予生命意义和带给人类终极幸福为目标的宗教呢？

时至今日，许多有识之士已经充分意识到现代人类所面临的各种危机的严重性，并为这些问题的解决而大声疾呼乃至付诸行动。然而，当前人类面临的每一个危机都带有全球性的特征，不是哪一个或几个民族、国家和宗教能独立承担、独立消解的，只有靠全人类通力合作、携手共进，才能减轻和消除。比如，由于地球生态系统是一个整体性的有机结构，这就决定了生态危机具有整体性影响的特征。因此，一个国家为了减少空气污染而作出的诸多努力，可能因为邻国甚至是非邻国的污染源而使实际效果大打折扣。再如，在全球经济一体化的今天，一个国家或地区的经济出现危机，会影响到其他国家和地区甚至全球，并进而导致这些国家和地区的社会动荡、混乱乃至引发政治危机。同样，一个国家、一个民族的文化也会超越民族及地域，在全球传播并产生广泛影响，并与其他文化发生交流、融合乃至碰撞、冲突。在全球化时代，人类从未像现在这样空前紧密地联系在一起，人类也从未像现在这样必须切实承担起全球责任，遵循全球伦理准则。而在这个过程中，多种宗教的参与是不可或缺的。正如孔汉思所认为："持久的全球行为所必需的那种全球伦理，若没有宗教的贡献，是不可能实现的。"

作为人类智慧伟大宝藏的世界各大传统宗教，在伦理实践方面都有着许多历久弥新、对人类具有永恒价值的伟大教导。穆罕默德教导说："为众人寻求你自己所希望得到的，那么你就是一个信徒；善待邻居，你就是一个穆斯林。""你自己所讨厌的，不要施与别人；你自己所喜欢的，施及于他人。"（罗斯特，2000 年）《马太福音》教导人们："所以，无论何事，你们愿意人怎样待你们，你们也要怎样待人，因为这是律法和先知的道理。"（《圣经（和合本）》，马太福音，7:12）印度教《益世嘉言》里说："责任、正义、法律和道德的合法权的最终标志是这样的：你自己认为可爱和宝贵的，你自己内心所满意的，应认为别人也一样；你自己所不喜欢的，别人也一样不喜欢。谁能够设身处地感受他人的快乐与悲伤，他就是真正的瑜伽师，他真正地与万众一心。”（罗斯特，2000 年）佛陀则不仅教诲我们：“在我为所不喜不悦者，在人亦如是，我何能以己之所不喜不悦加诸他人。”（《相应部》v353.35 — 342 — 2）更倡导“无缘大慈”“同体大悲”“作一切众生不请之友”的积极利他精神。实际上无论是印度教、耆那教、佛教、道教、琐罗亚斯德教、锡克教，还是犹太教、基督教、伊斯兰教、巴哈伊教，任何一个伟大的宗教都具有教导人类与他人和谐相处、平等对待、理解宽容、慈悲博爱的伟大教谕。“就像你希望怎样被对待的那样去对待别人”，这一世界上各大宗教共同启示的“黄金法则”，不应当只是一个国家、一个民族、一个宗教、一个团体内部成员之间的道德伦理准则，而应该构成今天解决全球性问题所必需的全球伦理的基础。

各大宗教的教义当中都有着许多充满智慧并且相互呼应的伦理资源，而要想使这些人与人之间和睦相处的重要原则成为全人类所共同遵奉的全球伦理准则，从而带给人类世界长远的和谐与和平，世界各大宗教在伦理实践方面的努力是至关重要的，其中最为迫切的是要实现世界各宗教间的和谐和平。正如孔汉思所言："没有一种世界伦理则人类无法生存，没有宗教间的和平则没有世界和平，而没有宗教间的对话则没有宗教间的和平。"因此，世界各宗教应怀着宽容、友善、仁慈、平等的胸襟进行广泛及多种层次的交往和对话，并把宗教宽容和宗教和谐的精神视为当代宗教徒应有的品质加以大力弘扬。各大宗教应从人类的共同福祉出发，远离狭隘和偏见，避免敌视和仇恨，相互理解和沟通，彼此欣赏和宽容，让各宗教之间、宗教徒之间的和谐、和平成为人类群体之间、个人之间和平和谐关系的典范。同时，各大宗教还应在对话的基础上加以合作，携手共同面对人类的苦难与问题，共同寻求切实可行的解决办法，并付诸于一点一滴的实践。21 世纪的宗教，不仅要鼓励信徒们追求彼岸世界的幸福，并以此终极关怀作为道德伦理的根基；同时也要鼓励信徒们积极关注社会，关注现实的苦难与苦难者，将此岸的奉献与彼岸的追求有机地统一起来。实际上，无论是现代基督教所积极开展的"荣神益人"的社会福利事业，现代佛教方兴未艾的"人间佛教"的理念与实践，以及伊斯兰教的"两世吉庆，重在现实"的优良传统，都共同指向了服务社会、奉献人群的目标，值得大力提倡，各宗教间并可通过各种渠道开展合作。每一个宗教徒不应仅止于对神圣对象的顶礼膜拜，更应记取各宗教圣哲们的伟大教诲，在生活中通过具体的行动切切实实地体现基督教的“爱人如己”、佛教的“慈悲济世”、伊斯兰教的“仗义疏财、赈济贫者”等等道德伦理精神。通过数十亿宗教徒的共同努力、携手合作，各种古老的宗教传统必将在彼此和睦的气氛中获得更多的发展，各大宗教共同启迪的伦理智慧必将获得越来越多的认同，安宁和谐的世界也将离我们不再遥远。

加强对话　密切合作　共建多元和谐的人类精神家园[①]

尊敬的大会主席，尊敬的世界各国的宗教领袖们：

我今天演讲的题目是：加强对话，密切合作，共建多元和谐的人类精神家园。

21 世纪是人类科学技术迅猛发展的时代，也是世界文化和人类信仰多元化现象日趋凸显的时代。经济全球化已经把世界各国紧密地联系在一起，世界人类已然成为一个休戚相关、甘苦与共的共同体。今天，世界人类必须同心协力共同应对诸如经济危机、环境污染、能源短缺、资源匮乏、自然灾害等全球性问题；共同化解诸如种族间的冲突、宗教间的纷争、国家

① 本文为 2008 年 7 月 17 日，学诚法师在第三届世界和传统宗教领袖大会上的发言。

间的对峙、文明间的隔阂等人类现实的危害和潜在的威胁。同时，席卷世界各国的经济全球化并不是也不可能是某种特定文化的全球化或某种特殊文明的全球化。相反，伴随着经济全球化进程的是各个国家、各个民族对自身文化或文明在全球化过程中可能被边缘化和均质化的严重忧虑，以及对自身文化或文明日益深刻的认同和持守。文化霸权主义和文化殖民主义的思想和政策受到了日益广泛的抵制和反对。

这种认同和持守，这种抵制和反对，是对多元和谐的人类精神家园的守护。人类精神家园本来就应该是繁花似锦、姹紫嫣红的。因为这样才符合今天世界人类的现实需要和长远利益。单一的文化或文明由于对地球资源的同一利用方式，必将使人类陷入日趋严重的冲突和对立，造成不可挽回的灾难，也阻扼了人类无比丰富多样的精神需求，掩抑了人类精神家园的勃勃生机！“一枝独秀不是春，百花齐放春满园”，这是中国家喻户晓的一个诗句。

宗教是人类文明的核心。不同的宗教信仰根植于不同的民族生存环境、历史文化、民族心理结构和不同的价值观念，构成人类不同的文明形态。人类多元化的宗教是多样性的文明存在的主要原因。由此，多元宗教间的和谐共处构成人类多样性文明和谐共处的前提和基础。正如孔汉思（Hans Kung）所指出的那样："没有宗教之间的对话，则没有宗教和平。""没有宗教之间的和平，则没有世界和平。"

和谐世界从和谐宗教开始，和谐宗教从对话和合作之中产生。缺少对话，各宗教以及各教派间就会有更多的误解和冲突，并在全球化的进程中日益加剧，从而丧失世界各大宗教的伦理本怀。没有合作，各宗教以及各教派间就无法凝聚起人类在数千年中形成的智慧，以共同应对当代全球性的各种危机。我们深深懂得世界各大宗教在终极信仰上存在差异性和独特性的事实。但这一事实的存在并不能否认宗教交流与合作的必要性，相反它更凸显了这种交流和合作的极端紧迫性和极端重要性。同时我们还应认识到，各大宗教在终极信仰上存在差异性和独特性的事实本身，正说明了人类精神需求的丰富多样，它们构成了多元和谐的人类精神家园的逻辑前提。宗教领袖们的历史使命之一，就是呼唤世界各大宗教的信徒们乃至全人类在这种差异性和独特性的事实面前，坦诚相待，彼此宽容，相互欣赏，达成共识。为达致这一目的，我们必须创建并完善各大宗教及不同教派之间加强对话、密切合作的机制和平台。由哈萨克斯坦共和国发起成立和发展起来的"世界与传统宗教领袖代表会议”就是一个世界各大宗教加强对话、密切合作、增进了解、促进团结并推动世界人类共同繁荣进步的良好平台和有效机制。我们衷心希望这一平台和机制不断完善和发展。

中华民族在悠久历史中积淀下来的深厚文化及成功实践，可以为当今世界如何超越不同宗教在终极信仰上的差异并达致多元宗教和谐共处提供重要思想资源和现实启示。儒家（或儒教）、佛教和道教在数千年的漫长历史中和谐共存于中国社会。以北宋为例，中国传统宗教——儒、释、道三家，呈现出相互吸纳、相互融合、相互补充，共同为社会稳定和人民福祉贡献智慧的良好局面。北宋著名道士张伯端吸纳佛教禅宗的心性论和儒家伦理性命的观点，使道教完成了由外丹术向内丹术的转变。他主张性命双修、先命后性：“先以神仙命术诱其修炼，次以诸佛妙用广其神通，终以真如觉性遣其幻妄，而归于究竟空寂之本源矣。”（张伯端，《道藏》）此后宋代三教合一的趋势日趋凸显。道教全真教创始人王重阳则把三教合一作为创教的明确宗旨，故而在全真教中，儒释道三教教主受到并列的推崇，谓“太上为祖，释迦为宗，夫子为科牌”（《重阳真人金关玉锁诀》），而三教的重要经典《道德经》《般若心经》《孝经》一同被列为全真教的主要经典。他说：“释、道从来是一家，两般形貌理无差”“儒门释户道相通，三教从来一祖风”（王重阳，2005年）。宋初佛教天台宗大德智圆也明确系统地提出三教合一的主张，深刻影响了中国北宋时期佛教界三教合一思潮的展开。智圆说：“尝谓三教之大其不可遗也。行五常，正三纲，得人伦之大体，儒有焉；绝圣弃智，守雌保弱，道有焉；自因克果，反妄归真，俾千变万态，复乎心性，释有焉。吾心其病乎，三教其药乎！矧病之有三，药可废耶？吾道其鼎乎，三教其足乎！欲鼎之不覆，足可折邪？”（智圆，《闲居编》）智圆视人类社会为一个需要治疗的病者，而儒、释、道三家皆是治病良药。而作为儒家在宋代发展的宋代理学广泛吸收佛教和道教心性本体论、宇宙生成论等理论，在儒家基本教义的基础上进行整合与创新，形成了新儒学。极大地推进了儒学的发展，使儒学更加系统化、完善化和哲学化。这在北宋五了·周敦颐、邵雍、张载、程颢、程颐创新儒学的过程中得到生动而全面的体现。邵雍甚至曾穿着过道装（卿希泰，1996年）。

由此可见，中国传统宗教儒释道三家之间相互吸纳、相互尊重、相互宽容、相互欣赏，共同为中国社会的稳定和人民的福祉做出自己的贡献。这种现象也引起世界上众多宗教学家的关注。保罗·尼特（Paul Knitter）说：“这种宗教多元性和共存性不仅标志着，而且也丰富着中国人的生活。中国以生动的实例体现了荷兰天主教神学家施雷贝克（Edward Schillebeeckx）仅仅在理论上宣称的思想：世界诸宗教联系在一起，比它们当中任何一个都能表现出更多的真理。中国的宗教差异性如何丰富其文化的例子对其他国家也同样重要，尤其是在当前世界历史转折的关键时期。”（田悦阳，2006 年）

中国宗教的这种现象也说明：宗教可以超越在终极信仰上存在的差异性和独特性，实现和谐共容，进而最终超越其外在形式的差异，成为可以彼此融会的精神力量，成为具有普遍意义的精神食粮，让世界上每一个人、每一个宗教徒都可以汲取所有宗教的智慧成果，丰富和提升自身的精神境界和道德水平，缓解并最终化解人类所面临的全球性危机。

实现和谐共容的人类精神世界，需要各宗教付出恒久的努力。1993 年召开的第二届世界宗教会议，发表了《走向全球伦理宣言》，表达了全球宗教界对于建立全球伦理的统一诉求，其伟大意义在于通过宗教对话寻找到了各方在价值观上的共识，即“黄金法则”——“己所不欲，勿施于人”或者“你希望人怎样待你，你也要怎样待人”（世界宗教议会，1993 年），已经迈出了重要而可喜的一步。如果更进一步，使宗教智慧真正成为相互融会的精神力量，在精神领域实现人类的“和谐共容”，那么就可以在很大程度上消除不同民族、不同国家、不同文明以及人与人、人与社会、人与自然之间的对立和冲突。

通过加强对话、密切合作，实现和谐共容的人类精神世界，将是各宗教为世界永久和平共同做出的伟大贡献。达到这个目标的方法，是在对话中相互学习，在合作中彼此信任。不同宗教之间的对话应该是开放性的学习型对话。开展对话的目的，并不是劝说其他宗教的信徒皈依本宗教，也不是弥合信仰层面的差距，产生一种新的统一的信仰，而是通过从其他宗教那里学习，加强自身的信仰，同时也可以让其他宗教信仰的人、不信仰宗教的人也能分享到本宗教的智慧之光。诚如圣雄甘地（Mahatma Gandhi）所说：“培养对其他信仰的宽容，会使我们对自己的信仰有更正确的认识。”“我一贯祈祷，让基督徒成为更好的基督徒，穆斯林成为更好的穆斯林。对我来说，这是真正的皈依。”“我要对印度教徒说，你们的生活不会完整，除非你们虔敬地学习耶稣的教诲。我的结论是：就我自己的经验而言，不论属于什么信仰，只要虔敬地学习其他信仰的教诲，就会使胸怀变得开阔，而不是狭窄。”（埃尔斯伯格，1997年）美国后现代思想家小约翰·B.科布（John B. Cobb, Jr.）也认为：

“我们希望通过向他们学习来丰富我们的生活，纯化我们的信仰。当然，我们同时也贡献出在自己传统中被认为是真正有价值的东西。”（科布，2008 年）

历史的经验告诉我们，开放性的学习型对话，将对各宗教之间的思想交流和融合具有决定意义。中国的经验再次为我们提供了重要的启示。隋、唐、宋时期屡屡举行的三教辩论大会，虽然表面上呈现了三家之间的区别与矛盾，但客观上却为三教的思想交流和融合提供了绝好的机会。如上所述，中国宋明时期的儒者们创造性地消化和吸收了佛道二教的宝贵思想，发展出宋明理学。而佛教和道教也在吸纳和圆融了其他两大宗教的基础上因应时代需要得以继续发展。

各宗教还应在对话的基础上加以合作，携手共同面对人类的苦难与问题，只有进行相互信任的合作才能更好地共同承担全球责任。正如保罗·尼特在《一个地球多种宗教——多信仰对话与全球责任》中所说：“宗教间会谈必须面对人和大地日益深重的苦难，把它背后的伦理问题作为最紧迫的议程……苦难具有普遍性和直接性，这使得它成为确立宗教间相遇的共同基础的最合适也是最需要的地方。”（尼特，2003 年）21 世纪的宗教，不仅要鼓励信徒们追求彼岸世界的幸福，并以此终极关怀作为道德伦理的根基，同时也要鼓励信徒们积极关注社会，关注现实的苦难与苦难者，将此岸的奉献与彼岸的追求有机地统一起来。

我们相信，通过这次世界与传统宗教领袖代表会议，各宗教都将能够以更加开放的心态向其他宗教坦诚学习，以更加信任的心态与其他宗教通力合作。经过我们持之以恒的努力，各宗教将实现相互宽容、相互融会，进而达到和谐共容的状态。

我们相信，世界的明天一定可以更加和谐、更加美好！

和平与和谐作为人类的选择①

一、和平与和谐的意义

全球化的浪潮将世界各国以前所未有的速度紧密联结为一个命运共同体，这意味着一个真正意义上的人类社会开始逐渐成形。与此同时，和平与和谐的意义受到越来越多有识之士的广泛认可，这是因为：

和平与和谐是一个基本前提。和平与和谐能够带给社会安定平稳的秩序，是人类生存发展的必要条件。而一个失去和平

① 本文为2012年5月30日，学诚法师在阿斯塔纳召开的第四届世界和传统宗教领袖大会上的发言。

与和谐的世界，势必走向分崩离析，重新回到弱肉强食的丛林时代。

和平与和谐是一项根本利益。和平与和谐为全人类共享共有，在此基础上，个人的创造潜能将获得最大发挥，国家的经济文化将获得持续发展，人类社会的长久繁荣将得到确实保障。

和平与和谐是一条理想道路。和平与和谐意味着以中和中道的原则，公平妥善地处理纠纷、解决矛盾，增进每一个体的福利和人类整体的福祉。

和平与和谐是一种长久价值。人类文明诞生以来曾产生过无数的文化成果，但大多数昙花一现，要么偏执于一端，要么局限于一时，很快便湮没于历史。流传至今并且持续产生重要影响的思想中，和平与和谐占据最主要的位置。

和平与和谐是一种高度智慧。正是智慧的高度，决定了视野的广度、探索的深度、进步的程度和超越的限度。当今世界各大宗教、各大文化传统无不爱好和平、追求和谐。历史表明，凡是有悖于和平与和谐的思想，终将不得人心而自行消亡。

二、和平与和谐的内容

人类社会的和平与和谐应当是整体性、全方位的，包括六大领域：

一是能够充分体现平等互信的国际政治秩序，依靠政治合作共同维护世界的安全与公正；

二是能够充分体现均衡互利的世界经济体系，借由经济发展着力消除贫富差距和地域不平衡；

三是能够充分体现多元互融的全球文化氛围，开展对话交流，巩固增进彼此友谊，化解历史成见；

四是能够充分体现共生共荣的自然生态伦理，通过生态保护积极履行治理责任，疏解环境危机；

五是能够充分体现人性人本的科学技术进步，促使科技成果最终服务于人类的长远幸福；

六是能够充分体现健康道德的精神心灵境界，利用传统智慧帮助每个人获得身心的安宁和乐。

在以上诸多领域中，文化的和平与和谐处于根本性的基础地位。归根到底，文化是一种价值体系及其行为规范的总集。人类社会的一切正常活动，无不是其价值观念的具体展现。以和平与和谐为主流价值的文化，也就必然会将和平与和谐贯彻于社会生活的所有领域。历史的经验告诉我们，只有真正爱好和平、注重和谐的社会，才能获得持续稳步的发展。

三、和平与和谐的实践途径

进入21世纪以来，文化问题引起世界范围的广泛关注，有识之士深刻意识到，如果没有全球文化的和谐，那么各方的政治互信、经济互利将是纸上谈兵，乃至流于形式，在面临诸多全球性挑战的时候，更无法形成卓有成效的国际合作。因此，全球文化的深度和谐是人类社会的当务之急。这里提出三点建议：

1. 整体多元与局部多元的有机结合

在当今交流互动日益频繁的情况下，“多元”不仅是对世界整体态势的描述，也是大多数国家自身现实的反映。可以想见，未来世界整体的文化多元性，乃是根植于每个地区的文化多元性。在有的地方，由于人们片面追求一元独尊，处理不好多元共存，所以产生了诸多族群对立与社会矛盾，不但影响到自身安定，也给周边地区造成不稳定因素。如果以某种文化传统的伦理要求，武断评判其他文化传统的正常生活方式，那么一些无关道德的行为也被渲染上了是非善恶的色彩，势必引发错误的价值判断乃至过激的情绪反应。因此，每一种文化传统都需要发扬宽容和解的精神，用彼此的诚意消除社会内部的过度张力。如果每个地方都能实现多元共存，那么整个世界的多元共存自然也就水到渠成。

2. 思想共识与多样模式的有机结合

在价值理念上，我们应当促成各大文化传统在相互尊重的前提下达成一定的普遍共识。尽管不同的生活环境培育造就了不同的文化传统，但是相互之间仍然具有很多精神一致的共通理念。我们需要通过充分的交流，把这些共通理念凝聚为普遍意义的思想共识，成为全人类的共同精神财富。

在实践模式上，我们应当鼓励各个文化传统根据自身需要与现实情况，对于普遍共识采取多样化、本土化的实践方法。无论哪一个文化传统，都是为了适应生存环境经过长期探索和努力奋斗而形成的，都是人类共通理念的独特展现。因此，并不存在一种适用于所有情况的最优文化模式。事实上，越是具有普遍性的理念，就越需要根据具体的时空因缘选择恰当的实践途径。

3. 吸收价值与贡献价值的有机结合

吸收价值，就是全面审视其他文化的存在对于自身文化的借鉴意义，把其他文化的优点转化为完善自身文化的有益资源。正是由于不同文化间的显著互补性，才使得彼此开展交流对话变得十分必要。在此过程中，每种文化皆应立足于自身本位，通过了解、学习其他文化的优秀成果，拓展自身文化的视角，丰富自身文化的内容，提升自身文化的境界。

贡献价值，就是深入总结自身文化的存在对于其他文化的积极价值，为其他文化提供恰如其分的建设性想法。一个文化对于其他文化的积极价值越多，就越能够获得其他文化的尊重与认可，越能够对于整个人类文化做出巨大贡献。人类文化提升进步的深层动力，正是来自于所有文化积极价值的汇聚整合。

四、和平与和谐的前景

全人类的和平与和谐，意味着所有国家、民族、宗教的和平与和谐。同时，也正是每个国家、民族、宗教的和平与和谐，才共同组成了全人类的和平与和谐。中华文明“和文化”的优秀传统，延续了几千年的历史，对于促进不同民族的和谐共处、宗教文化的交汇融合发挥了巨大作用，对于当今人类的和平与和谐也有着不可估量的启示意义。

宗教文化是人类文化智慧结晶的集中体现，各大宗教都把对人类的无私大爱作为自身的根本宗旨。促成全人类的和平与和谐，是所有宗教共同的崇高使命和伟大事业。希望所有宗教界人士通力合作，超越宗教、教派的界限，共同担当起关心世界、关心人类的道义责任，以宗教的和平与和谐，引领和推动全人类携手迈向和平与和谐的至善境地！

中国高僧的和平观[①]

"我们应该让宗教成为构建亚洲乃至世界和平的力量，而不应该让宗教成为亚洲乃至世界动乱的根源。""我们应该让宗教的冲突一去不复返。""我们应该在全球化的背景下，用和而不同的思想弥合文明对抗造成的创伤。"

正在菲律宾马尼拉出席亚洲宗教和平会议第七届大会的中国佛教协会副会长兼秘书长学诚法师向记者阐述了他的"和平观"。

---

① 本文为中新社马尼拉2008年10月19日电，原题为《中国高僧的和平观——专访中国佛教协会副会长学诚法师》，记者徐长安。

采访学诚法师的时候，他正在互联网上浏览新闻。时刻关注世界的变化，已经成为法师修行的重要方式。

在学诚法师为大会撰写的讲稿中，他从生态危机、贫富分化、强权政治、金融危机讲到恐怖主义、分裂主义、极端主义，历数当今世界面临的挑战。

“面对人类现实，我们不禁心痛不已。”他说。当今世界仍然存在不和平的现象，煽动种族仇杀、宗教冲突，鼓吹文化歧视、文明对立、挑起民族纷争、国家分裂、意识形态对抗，这些言行都是对宗教智慧的背弃，都背离了宗教的伟大教导。

学诚法师说，和平是一个人类永恒追求的问题，但和平是需要人人努力的。世界各大宗教应从人类的共同福祉出发，远离狭隘和偏见，相互理解和沟通，彼此欣赏和宽容，让各宗教之间、宗教徒之间的和谐、和平成为人类群体之间、个人之间和谐关系的典范。

学诚法师修行之深、智慧之广令记者叹服。纵观世界宗教之后，他认为，中国宗教之和睦、和谐为亚洲和世界宗教界树立了榜样。

“中国有佛教、道教、伊斯兰教、天主教、基督教五大宗教，我们都以和平作为主题和追求的目标，五大宗教和睦相处，从未发生过宗教战争和冲突，这在其他国家是很难做到的。”

学诚法师说，中国的传统文化、中国的宗教，首先都提倡、弘扬“和”的思想，和而不同。在全球化的时代背景下，这一点特别重要。“冷战时期，东西方存在着对立。现在，西方又有人鼓吹东西方文明的对抗，在这样一个新的全球化背景下，中国的宗教可以发掘‘和’的精神，弥合因为文明对抗而造成的创伤”。

为了达致这样的目标，学诚法师每年出席的宗教交流会议、论坛不计其数，每一次都积极传播“和”的精神。

学诚法师认为：“这些交往能够让各个宗教的信徒们、各个宗教的宗教领袖，在对待时代的新的问题方面，对待人类面临的共同的问题方面有更多的共识，能够减少因为对人类休戚相关的问题认识上的偏差而导致的纷争。”

Ⅲ 章前语

时代的发展和社会的进步，总是推动着不同宗教与文化之间的相互融合与自我更新。同时，经过融合与更新之后的宗教与文化，又成为一种潜在的巨大力量，维系着社会的稳定，并促进着经济的繁荣。

单一的文化、单一的信仰、单一的民族在发展过程当中会有很多问题。生物需要保护多样性，文化、民族也需要保护多样性。

单由科技文明构成的文明形态是不够全面的，因为科技文明本身很少涉及价值判断，而这恰恰是各种传统文明重点关注的领域。

神物两元文化能否从共存走向共容，宗教的复兴能否使整个人类获益，关键取决于能否处理好超越与世俗、精神与物质、利他与利己的关系和定位。

心文化源于儒家、佛家和道家的基本精神，代表了东方文明的根本特征。

心文化基于的是普遍的人性，因为无论来自什么样的文化背景，人的内心深处都是相通的。

“物”和“神”都不是人类自身命运的绝对主宰，只有心才能统御我们自身与万物。

我们有理由相信，心文化能够成为沟通东西方文明的桥梁，能够为世界文明指出一条根本出路，为人类命运带来一片光明前景。

宗教文化在治国安邦与经世济民中的作用[①]

在热烈庆祝中华人民共和国成立六十华诞前夕的首都北京，我谨代表中国数以亿计的佛教徒，对以约翰·波德斯塔（John Podestaust）主席为代表的“美国进步中心”的各位尊贵的客人，表示最真诚的祝福。

中国有上下五千年的悠久文明史，佛教传入中国时，正值耶稣基督诞生前后的中国汉朝时期，时至今日，也已有两千年的漫长岁月。经过与汉文化近三百年的融合，于公元319年的东晋初年，佛教方为当时中国北方的后赵政权所承认，并确立了佛教僧团在社会上的合法地位。而佛教在全国范围内的兴盛，

① 本文为2009年9月1日学诚法师在北京“中美对话论坛”早餐会上的演讲。

则是到了后来的隋唐时期才出现。在随后一千三百多年的漫长历史岁月中，佛教当之无愧地成为中国三大主流文化之一，对中国社会的历史发展产生了深远的影响。佛教融入中国社会的过程，恰如基督教融入古罗马帝国的过程：从基督教诞生，到为古罗马帝国所认可，乃至于后来成为国教，这个过程也经历了近四百年的时间。而基督教对古罗马帝国，乃至于对后来整个欧洲的影响，更是有目共睹。

为了因应时空因缘的变迁，佛教传入中国之后，曾经出现过两次大的变革：第一次是在公元 800 年前后的唐朝中期，在吸收融合本土儒家文化营养的基础上，形成了有鲜明中国特色的佛教宗派——禅宗，六祖慧能完成了教理教义上的构建，而百丈禅师则完成了组织制度上的落实；第二次是在公元 1930 年前后的民国中期，面对佛教自身的种种弊端，以及西方文化浪潮的强烈冲击，佛教又一次以一种崭新的面貌出现在中华大地上，这就是太虚大师有关“人间佛教”理念的创建。总体看来，第一次转变完成了佛教在中国的本土化历程，而第二次转变则开启了佛教在中国的现代化序幕。这让我们想到基督教在西方的发展，也同样经历了两次重大的变革：第一次是在公元 400 年前后的古罗马帝国后期，在吸收融合以新柏拉图主义为代表的古希腊与古罗马文化营养的基础上，奥里留·奥古斯丁（Aurelius Augustine）创建了系统的基督教哲学体系，完成了基督教在欧洲的本土化历程；第二次是在公元1520年前后的文艺复兴时期，面对黑暗的宗教专制统治，以及古希腊人文主义思潮的复苏，马丁·路德（Martin Luther）进行了旗帜鲜明并卓有成效的宗教改革，揭开了基督教的现代化序幕。

回顾历史，我们不难发现，时代的发展和社会的进步，总是推动着不同宗教与文化之间的相互融合与自我更新。同时，经过融合与更新之后的宗教与文化，又成为一种潜在的巨大力量，维系着社会的稳定，并促进着经济的繁荣。佛教在中国正是扮演了这样一种角色。

在2500年前的春秋战国时期，由于铁器的使用，使社会生产力的发展达到了一个前所未有的水平，而这也导致了陈旧社会体系的崩溃。但社会的动乱却也促进了不同文化之间的大融合，并最终形成了以儒家为主流的文化体系，这为后来的汉王朝带来了长达三百多年的长治久安和经济繁荣。然而不幸的是，当一种宗教或文化与世俗社会的政治经济体制结合起来时，就会有僵化的危险。反过来，僵化的文化观念又必然导致人心的守旧和呆板，外在表现就是政治与经济体制的陈腐与溃烂。

也正是在这样一种社会逐渐丧失蓬勃向上活力的状况下，佛教传入了中国，如同在一潭浊水中注入了一剂沉淀液，再加上魏晋南北朝时期战乱局面的搅拌，一方面使佛教思想得到最为广泛的传播，另一方面也让逐渐掺杂的本土文化有了最好的净化机会。这样一种文化与宗教交融的结果，让中国迎来了更为繁荣的隋唐盛世。乃至于在整个唐朝，佛教文化都占据了绝对重要的位置。也正是在这样一个漫长的交融历程中，佛教成功地完成了在中国的本土化。在随后更为漫长的宋、元、明王朝时期，本土化的佛教思想又潜移默化地被中国固有的儒家文化所吸收，并形成了体系庞大而又完整的宋明理学，而这也正是构建整个宋、明王朝大厦的理论基石。

斗转星移，当历史的车轮辗转到 19 世纪中叶时，原本充满生机与活力的中国宗教文化，又逐渐沾满了岁月的沧桑和尘世的渣滓。也正是在这个时候，步履蹒跚的中国宗教文化又一次遇到了前所未有的挑战，这就是来自西方的先进文明的冲击。面对这样的劲敌，几千年来深受具有博大包容性的中华文化熏染的中国人又一次展现了惊人的吸收能力：在短短不到一个世纪的时间里，就走完了西方几百年才完成的社会变革历程！毋庸置疑，在这将近一百年的时间里，西方文化完全占据了主导地位，而本土文化却一直在接受着批判，悄无声息地沉寂了下来。但沉寂并不等于消亡，恰恰相反，这正是本土文化进行自我反思、吸收营养，并进行重新整理和自我更新的最佳良机。一旦这个过程完成，那么充分吸收了西方文化精华的中华文化，对形成新一轮政通人和、国富民强的局面必将发挥基础性的作用。

在当今世界，社会的稳定与经济的繁荣是大多数国家最为关心的事情。只有具备稳定的社会环境，才能为经济发展提供良好的保证；同时，只有经济得到持续的发展，社会的稳定才能进一步巩固。作为一个在当今世界有举足轻重影响的最大的发展中国家，中国稳定的社会环境，以及持续高速的经济增长，尤其是在国际金融危机中的突出表现，对世界上很多国家来说，都不能不说是一个奇迹。而奇迹的出现，其背后往往都有着更为深层的原因，这就是几千年从未间断的中华文明为中国人民带来的最为宝贵的精神财富：坚不可摧的信心、宽容豁达的品格以及无限宽广的胸怀。而这些都深深蕴藏在中华宗教文化的每一个角落，让沐浴其中的人们受到潜移默化的影响。当东方宗教文化在不断吸收西方营养以自补，从而不断促进社会稳定和经济繁荣的时候，我想，任何一个明智的国家与民族，也必然会审慎地考虑，如何在自己的国度和族群中，积极地认知和吸收来自东方的优秀宗教文化。这并非妄自菲薄，而是真正强者的姿态。同时，对于任何一个仍然流淌着中华民族血液的炎黄子孙来说，当更具有一种担当的精神和世界的眼光，在学习与吸收的基础上进行创造与超越，从而有更多的机会和更大的可能性，站在人类社会发展的制高点上，为世界的太平与人类的安康做出应有的贡献。

关于宗教与文化发展的思考[①]

人类社会发展的历史，也是人类文明形成的历史。而人类之所以能够形成文明，除了人类所具有的生存与繁衍的基本需求之外，还有更高层次的精神追求。日本著名佛教思想家池田大作（Daisaku Ikeda）在论及文明形成的要素时说到，生产力的剩余、社会组织、人的愿望都是建设文明的素材，但它们还不是文明形成的灵魂。除上述因素之外，还要有更深的前提，即“为什么而建设”这一思想意识，而把握这一方向的智慧则来自于宗教和哲学。英国著名历史学家汤因比（Arnold Toynbee）则更进一步指出，宗教是文明生机的源泉，各种文

① 本文为2011年7月15日学诚法师在“宗教与和平学术研讨会暨中国宗教学会第七次全国会议”上的发言。

明形态就是此种文明固有的宗教的反映（汤因比等，1985年）。由此可见，宗教与文化是人类文明形成的核心要素。回顾中国宗教与文化的发展进程，不难发现中华文明的演变经历了如下三个关键的历史时期。

一、春秋战国时期，对应中华文明的定型期。铁制生产工具的普遍使用，为当时的中国带来了一场农业革命。随着生产的发展，社会经济也得到快速发展，由此而形成的社会新阶层对原有的社会秩序产生强烈的冲击，社会开始变得动荡不安，乃至后来形成了春秋争霸、战国争雄的局面。面对此一局势，以天下为己任的诸多杰出思想家应运而生，他们大都怀着悲天悯人的情怀，为了重构新的社会秩序而提出种种救世学说和主张，并因此而呈现百家争鸣的局面，中华文明也从此走上了与古希腊文明、印度文明截然不同的道路，并奠定了随后两千余年发展的基本格调。作为这个阶段的思想成果，法家在辅助秦王朝走向统一之路上发挥了关键性作用，而儒家则在构建汉王朝的新政治格局中脱颖而出。

二、魏晋南北朝时期，对应中华文明的更新期。自东汉末年开始的王纲解纽，使土地及农民流入豪门巨族门下，由此形成的庄园经济严重阻碍了社会的进步，再加上北方诸胡的入侵，使整个社会陷入了连绵不断的战乱之中。面对此一局势，儒家今文经学谶纬之说依附政治，并日趋荒诞，而古文经学又偏重章句训诂，流于繁琐支离，均难担当治世之重责。魏晋名士的清谈之风由是应运而生，但对于社会秩序又是破坏之功多，建设之功少，同样难胜救世之大任。面对此一境况，来自印度的佛教文化却为中华文明注入新的活力，西域诸国及本土的僧人积极翻译经典、四处讲学、阐释义理，极大地丰富了中华文明的精神内涵。有了此一阶段的积淀，至隋唐盛世，诸多祖师大德更进一步创建了具有本土化色彩的汉传佛教诸宗。本土化的佛教思想又促进了儒家文化的自我更新，并成为宋朝以后构建社会新秩序最重要的精神资源。

三、清末民国时期，对应中华文明的再生期。清朝自康乾盛世之后，国运由盛转衰，吏治腐败，武备废弛，再加上人口激增，致使民变不断，社会动乱频仍；两次鸦片战争、中法战争、中日战争又打开了列强入侵中国的大门，中华文明因此而遭受了以科学和民主为精神内核的西方文化的强烈冲击。面对生死存亡的危难关头，中华民族有识之士相继推动了洋务运动、维新变法、辛亥革命乃至新文化运动等一系列救亡图存乃至强国富民的尝试。这些尝试由技术而经济，由经济而政治，由政治而思想，由表及里，由浅入深，并最终触及了文明的核心。随后经过民国时期各种思潮的剧烈激荡，中华文明终于以全新的姿态又站上了历史的舞台。经过半个多世纪的奋斗，中华民族一改积贫积弱的旧貌，呈现出今日繁荣富强的局面，再一次展现了中华文明强大的韧性与内在生命力。

回顾中华文明发展的三个关键时期可以发现，文明的每一次进步都伴随着不同宗教和文化之间的交流与碰撞，而进步之后的文明又能给社会带来新一轮的长治久安。春秋战国时期，来自东方的齐鲁文化，来自西方的秦文化，来自北方的燕晋文化，以及来自南方的吴楚文化，在中华文明的成型过程中各自发挥了独特作用，为形成空前大一统的秦汉王朝奠定了坚实的思想基础；魏晋南北朝时期，外来的佛教文化与本土的儒家和道家文化之间的交流与融合，成为了更新中华文明的强大推动力，并为空前繁荣的隋唐盛世提供了丰富的精神资源；而清末民国时期，来自西方的科学、民主与法治精神，对于中华文化的变革产生了重要的影响。

与过去宗教和文化的交流所呈现的局部性和单向性特点不同，当今世界宗教与文化的交流越来越呈现出全局性与双向性的特点。世界任何一个国家、民族和地区的宗教和文化都有越来越多的机会为世人所了解，同样也有更多的机会去了解、学习和吸收其他国家、民族和地区优秀的宗教和文化，并因此主动完成自我更新与发展。经过百余年与西方文明的碰撞与交流之后，中华文明当有更多的自信来重新审视传统文明的历史积淀，同时也当有更多的优势来吸收世界各民族优秀文明成果，以完成中华文明新一轮的创造与再生，从而为世界文明的历史进程以及人类的福祉贡献一份力量。

经典翻译与宗教传播[①]

尊敬的蒋坚永副局长，

尊敬的杨慧林副校长，

各位专家学者、各位来宾、各位同仁：

非常荣幸应邀来到中国人民大学参加国际佛学研究中心成立揭牌庆典。“中国人民大学国际佛学研究中心”由中国人民大学与大庆市富裕正洁寺联合创办，这是高等学府与佛教寺庙发挥各自特长、加强彼此合作的一次重要尝试，必将对佛教文化事业的发展产生积极影响。我谨代表中国佛教协会对中心的成立表示衷心的祝贺！

① 本文为2011年11月14日，学诚法师在首届国际佛学论坛暨“中国人民大学国际佛学研究中心”成立仪式上的致辞。

据了解，中心的主要任务之一便是深入研究汉语系、藏语系与巴利语系的佛教藏经，开展佛典互译工作。纵观人类社会的每一次重大进步，无不与不同地域文化间的深度交流密切相关，在此过程中必然伴随着文化经典的相互翻译。关于翻译的重要性，德国文学家和思想家歌德（Johann Wolfgang Von Goethe）曾这样说过："应该这样看待每一位翻译家，即他在努力充当具有普遍意义的精神交易的中介人，并以促进这一交流为己任。在广泛的国际交往中，不管能讲出文学翻译的多少不足，他却仍旧是，并将永远是人类最重要和最高尚的事业之一。"歌德甚至认为"每一个翻译家也就是他本民族里的一位先知"。

回顾人类东西方文明发展的历程，从文明的发展趋势与翻译活动之间的关系来看，翻译活动都经历了宗教典籍翻译、人文著作翻译与实用文献翻译三个阶段。

对西方社会来说，宗教典籍的翻译集中体现在《圣经》的传译。从公元前 250 年前后的《七十子希腊文本》，到古罗马教父哲罗姆（St. Jerome）翻译的《通俗拉文本圣经》，再到中世纪末宗教改革家马丁·路德(Martin Luther)翻译的德语版《圣经》，《圣经》众多不同语言版本的流传为基督教思想在整个西方社会的广泛传播和深度普及奠定了稳固的基础。在复兴古典文化、宣扬人本主义的文艺复兴运动之后，宗教典籍翻译的主导地位逐渐让位于人文著作的翻译，为西方社会的民族觉醒与现代化变迁提供了充足的精神营养。第二次世界大战之后，为满足资本主义发展的实际需要，以商业、外交、科技等翻译为主的实用文献翻译逐渐取代了人文著作的翻译而成为主流。

对中国社会来说，宗教典籍的翻译则集中体现在佛经的传译中。我国最早的汉文佛经，为汉明帝永平十年（公元 67 年）由迦叶摩腾、竺法兰所译的《四十二章经》。此后佛典在汉地的翻译一直延续到宋朝末年，历经千余年之久，其间涌现出鸠摩罗什、玄奘、义净、不空等诸多伟大的翻译家，所译经典据元代《至元录》记载共计 1440 部、5580 卷。这些佛教典籍极大地丰富了中华文明的智慧宝藏，为中华文化输入了新鲜的血液，与儒家文化、道家文化一道重塑着中华民族的品格。自 19 世纪末以来，随着西方列强打开中国的大门，西方人文著作也随即成了这一时期翻译活动的中心主题，中西文明的深度碰撞激发了中华民族新的创造活力。新中国成立之后，尤其是改革开放以来，科技、经济、政治、军事、外交等各个方面实用文献的翻译又占据了主要的位置。

当今社会在科技与经济获得前所未有快速发展的同时，面临的全球性挑战也日益加剧：环境污染、自然灾害、疾病困扰、贫富差距、民族冲突、社会动荡、经济危机等诸多问题已经超越了国界，需要人类紧密团结起来共同面对。我们不但要在实践中摸索前进，更需要从延续数千年的宗教传统中去重新挖掘古人的智慧。因此，世界范围内宗教典籍的翻译与流通，有望重新成为未来国际翻译的主流之一。

佛教作为世界三大宗教之一，在认知和解决各种社会与人生问题方面，具有极其丰富的思想内涵与鲜明的实践路径，而这些都包含在浩如烟海的佛教典籍中。佛教在公元 12 世纪之后便在印度本土消亡了，留下的梵文经典为数甚少。所幸佛教在发展的历程中，分别于公元前 3 世纪传入斯里兰卡，再由斯里兰卡传入泰国、缅甸等东南亚地区，形成巴利语系佛教；公元 1 世纪传入我国中原地区，再由此传入朝鲜、日本等东亚地区，形成汉语系佛教；公元 7 世纪传入我国西藏地区，再由此传入蒙古等地区，形成藏语系佛教。这三个时期又分别代表了佛教发展的三个阶段，即上座部佛教、大乘显教以及大乘密教。因此，通过三大语系佛教的综合研究，即翻译、对比、校勘巴利文大藏经、汉文大藏经和藏文大藏经，方能够完整地再现佛典的面貌。遗憾的是，到今天为止，除了有从日文版转译的中文版巴利文大藏经之外，其他语系大藏经之间的校勘与互译工作亟待开展。

放眼世界，我们可以看到，西方社会对佛教的认识正在发生着变化。17、18 世纪时，佛教还被西方人归入以偶像崇拜为特征的异教。19 世纪上半叶，随着以法国学者布奴夫（E. Burnouf）为代表的西方学者对梵文及巴利文佛典的研究，上座部佛教的思想开始被西方人逐渐接受。到了 20 世纪上半叶，随着以比利时佛教学者布桑（La Vallee Poussin）为代表的西方学者对汉文佛典的研究，以及以日本佛教学者铃木大拙（D.T. Suzuki）为代表的东方学者及宗教实践家的推广，汉传佛教开始具有了独立的研究价值。到了 20 世纪下半叶，藏传佛教神秘的面纱也被慢慢揭去，越来越多的藏传佛教禅修中心开始在西方国家出现。

今天，佛教在西方的形象已经大大改观。据了解，佛教已经成为美国的第三大宗教，有约占全国总人口近 3%，即 900 万的信众。即便如此，这与佛教国际化的地位还是很不匹配，很多西方人乃至世界其他地区的人，尚没有机会接触和阅读佛典。目前巴利文大藏经的主体已被翻译成英文，而汉文大藏经与藏文大藏经已经译成英文的部分则少之又少。为了让中华文化价值观能够真正走向世界，让佛教慈悲利世的精神为全人类带来和平，那么三大语系佛经的翻译就成为当今中国佛教徒神圣的责任和使命。衷心希望国际佛学研究中心能够为这一神圣的责任和使命而做出令人鼓舞的业绩！

从媒体传播看东西方文明的差异①

媒体是现代社会中的一支举足轻重的力量，有人称之为“第四种权力”，对保持社会整体的健康发展具有十分重大的意义。同时，媒体在全球化进程中所起到的巨大推动作用，也让我们深刻地体会到“媒介即讯息”这个著名观点，即媒介自身比它所传播的内容对人类社会的变革与进步更具有决定性的影响。汤因比（Arnold Joseph Toynbee）指出：“从技术变革既是社会变革的结果又是社会变革的原因这个意义出发，每一次技术革命同时也是一次社会革命。”（汤因比，2005 年）信息传播方式与文明社会的变迁之间存在一种同步演进的规律。回顾东

① 本文为 2012 年 3 月 3 日，学诚法师在全国政协十一届会议大会上的发言。

西方文明的发展历程，不难看出这种规律。了解媒体演变对社会发展所产生的影响和作用，有助于认清我们当下所处的历史坐标和时代责任。

依据不同的信息传播方式，可以把东西方文明的历史划分为四个阶段：

第一个阶段，传抄时代——文明的建立期。自从有了语言和文字，口传和抄写一直都是早期人类文明最重要的信息传播方式。这个时期里，东西方文明相继建立起来。在东方，古代中国的儒、道文化与古印度的佛教构成了东方文明的主体，其中儒家思想是中国社会长期以来的主流意识。在西方，古希腊的哲学思想与古代中东诞生的基督教构成了西方文明的主体。经过顽强的努力，基督教渐渐占据了西方文明的主导地位。这一阶段，信息的传播大多依靠人与人之间口口相传，虽然重要的文明成果（如各种经典）也都整理为文字，但由于口传和抄写不便于信息的大量复制和广泛传播，故文明成果主要由统治阶级与贵族等社会上层人士掌管与享有，社会大众很难接触和学习。

第二个阶段，印刷时代——文明的发展期。印刷术的发明，实现了文字信息的机械化生产和大量复制，使得文明成果可以通过书籍的批量发行在社会上广泛传播。于是，文明之风迅速从只拥有极少数上层人士的小圈子吹向普通大众，带来了文化、思想等领域的繁荣景象。各种新兴思想如雨后春笋般涌现，大众旺盛的精神需求和集体智慧推动着社会各方面的巨大变革。这个时期里，东西方文明都取得了快速的发展，无论是宗教还是世俗文化都迈开了极大的步伐。宗教方面，对先进技术的广泛使用使传教事业迸发出勃勃生机。在东方，雕版和活字印刷业的发展与佛教中国化的进程几乎同步而行，目前发现的历史上最早的雕版和活字印刷品都是佛教的典籍；在西方，活字印刷术的发明及运用与宗教改革的联系亦相当密切。世俗文化方面，各种思想激烈碰撞，异彩纷呈。在东方，儒家思想借助理学与心学重新焕发出活力；在西方，科学与人文的思潮风起云涌，甚至从根本上动摇了教会权威。由于这些文化先驱者大多兼有神职身份，使得宗教与世俗文化的冲突处于一定的弹性范围之内，但是分裂的趋势却日渐加剧。

第三个阶段，电子时代——文明的震荡期。这一时期，工业革命和电气革命带来了辉煌的科技进步，广播、电影、电视等传媒的出现，使人类知识经验的积累和文化传承的效率与质量产生了新的飞跃。西方文明挟科技、政治、经济之强势席卷世界，一枝独秀，东方文明则承受着复杂的社会环境带来的巨大压力，被迫进行深度的调整和适应。而西方文明自身也经历了巨大的震荡和变革：随着自然科学的飞速发展和生产力的高度发达，人们对现世生活的关注也迅速取代了对来世生命的向往，世俗化浪潮在社会各领域急速扩张，导致了宗教的全面陷落。自由民主与政教分离的革命运动将宗教驱赶出了政治领域；进化论造成科学与宗教的彻底决裂，把宗教放逐出了知识领域；标榜“上帝已死”的虚无主义和相对主义泛滥，标志宗教在价值领域的衰落。由宗教改革刚树立起来的《圣经》权威也受到根本动摇，从此大众对宗教的态度深深陷入无神论、不可知论之中。

第四个阶段，数字时代——文明的共容期。两次世界大战结束之后，以信息技术为核心的新技术革命催生出的数字电视、互联网等新媒体，成为了全球化趋势最主要的推动力之一。出乎意料的是，当科学向自然的终极领域发起冲锋时，相对论、量子论、系统论、非线性科学等新范式却迅速拆除了科学原本立足的哲学体系。世俗思想在解释人生终极意义方面也感到无能为力。这些因素使得西方文明开始转向东方文明的思想宝库寻找新鲜的营养，东西方文明进入相互学习、对话、交流的新阶段。在不同文明之间的碰撞与交流之中，宗教重新获得了动力，在东西方同时呈现出复兴的趋势。

时至今日，日新月异的媒体技术已经把世界变成了一个地球村，全体人类已经联结成了一个休戚与共、共荣共生的大社会，世界文明的多元并存格局已经成为大势所趋。不同文明之间如何化解冲突、构建友谊、携手共进，其意义十分重大，正如汤因比所说："人类可能不得不在两个极端之间做出一个选择，要么有计划地灭绝和屠杀，要么从此学会像一家人那样生活。"（汤因比，2005 年）因此，我们有必要扩大关注的视野，一同关心人类社会的长远未来，探讨东西方文明和谐共处的前途。

在上述历史回顾中，我们可以通过神文化和物文化的二元结构来解读西方文明的演变过程。神文化是以基督教信仰为核心的超越性的精神文化，物文化是以自由、平等、科学、理性等思想为核心的世俗性的物质文化。两者在历史上同时存在，此消彼长，先后经过了神主物从、神物并行、物主神从、神物共存的四个阶段。

近二百年来，虽然物文化曾一度拥有压倒性的优势，甚至几乎切断了神文化与社会所有的重要关联，但神文化并未真正消失，而是隐遁入社会潜意识之中。经过一段时间的蛰伏，神文化以“否定之否定”的方式重新在社会上出现。这说明，神文化和物文化不可能独立面对所有的社会问题，也不可能消灭或取代另一方的存在。

神物两元文化能否从共存走向共容，宗教的复兴能否使整个人类获益，关键取决于能否处理好超越与世俗、精神与物质、利他与利己的关系和定位。如果处理不好，则将重蹈极端世俗化或极端宗教化的覆辙，无论哪种结局，都会给世界带来无尽的深重灾难，付出人性彻底沦落的惨重代价。神文化与物文化之间有着不可调和的根本分歧，西方文明发展至今遭遇的现实困境正是其根深蒂固的二元模式的必然结果。以实用主义的旗号回避这些根本性的分歧，而不去直面问题、寻找出路，是一种短视和不智之举。两者要想达到真正的共容，必须借助东方文明的重要因素才有可能实现，这个重要因素就是心文化。

心文化源于儒家、佛家和道家的基本精神，代表了东方文明的根本特征。从历史上看，中国的儒、释、道文化经过早期的独立发展，至唐代始有人提出“三教融和”的思想，直至明清时期逐渐融合而形成心文化，与之相应的三教归一思想也成为了中国文化的主流，一直延续至今。

心文化基于的是普遍的人性，因为无论来自什么样的文化背景，人的内心深处都是相通的。心文化认为心御万法，万法归心，“若人若法，统属一心”（憨山大师，《憨山老人梦游集》），“人者，天地万物之心也。心者，天地万物之主也。心即天，言心则天地万物皆举之矣。”（王阳明，《阳明全书》）“物”和“神”都不是人类自身命运的绝对主宰，只有心才能统御我们自身与万物。心文化在超越层面上展现出普遍而深刻的智慧，在世俗层面上展现出慈悲而和合的博爱，故可以纠正神文化与物文化各自的偏失，并化解两者之间的严重对立。针对神文化片面强调超越而忽略世俗，物文化片面强调世俗而忽略超越，心文化启示我们应该运用真俗不二的智慧，走向超越与世俗之间的中道；针对神文化片面强调精神而忽略物质，物文化片面强调物质而忽视精神，心文化启示我们应该运用身心不二的智慧，走向精神与物质之间的中道；针对神文化片面强调利他而忽略利己，物文化片面强调利己而忽略利他，心文化启示我们应该运用自他不二的智慧，走向利他与利己之间的中道。

在我国历史上，儒释道之间超越性与世俗性的冲突被心文化的内涵所消融，使中印文明的文化成果通过大互动、大交融达到了和谐共生，没有陷入西方文明式的自我分裂。可见，心文化能够积极促成不同文明的融合互补，避免文明冲突的发生。

步入21世纪，全球政治、经济和文化的重心正在向东方移动，东西方文明正在面临一个历史性的真正汇合，两者之间的互补性对流也将成为常态。不同文明之间必须学会相互沟通和化解矛盾的方法，增进彼此的了解与信任，消除彼此的误解与偏见，促成和谐相处、共同发展的局面。我们有理由相信，心文化能够成为沟通东西方文明的桥梁，能够为世界文明指出一条根本出路，为人类命运带来一片光明前景。

不同文明之间的兼容性[①]

一、文明的形成、交流与对话

中文里"文明"一词最早出现在古老典籍《易经》中。在《易经·贲卦》中说："刚柔交错，天文也。文明以止，人文也。观乎天文，以察时变；观乎人文，以化成天下。"天文的特点是阴阳相替、刚柔交错；人文的特点是自强不息、止于文明。观天文，能够了解时势的变化；观人文，能够因应时势的变化以化育天下。关于天文与人文的关系，在《易经·观卦》中说道："观天之神道，而四时不忒；圣人以神道设教，而天下服矣。"在中国文化中，"神"所代表的是一种至善的

① 本文为2012年11月11日，学诚法师在美国纽约联合国总部"纽约尼山世界文明论坛"上的主题演讲。

境界。孟子说："圣而不可知之之谓神。"（《孟子·尽心下》）天之道，化育万物而不可知，故谓之神道；能体悟神道而以之为行，便是圣人。圣人以神道设教，辅助天地以化育万物，于是天下心悦诚服。

由此可见，一种文明的形成需要两个基本要素：一、认识到有超越性的存在——比如超越于人类庸常生活之上的规律、法则或道。在中国文化中，这种超越性通常用"天"来表示；在西方文化中，通常用"上帝"来表示。二、有体验到这种超越性的圣人出现，并以此为根据，建立种种施设以教化民众，使天下民众能够安居乐业、精神富足。由此不难看出，文明是一个地域的人群在物质生活及精神生活方面达到一定水准之后方出现的。而这种文明的集中体现，便是圣人的出现以及圣人传述的经典能够流传于世。

文明通常都是在特定的时间与空间产生的，这使文明不可避免地打上了地域性和时代性的烙印。不同文明的交流、对话，至少存在空间与时间两个不同的维度。一种文明一旦形成，就具有相对的稳定性。尽管如此，无论原有的文明程度多么高，如果不能随着时空因缘的变化而做出相应的改变，这种文明的生命力就会变得非常脆弱，乃至最终走向衰亡。因此，文明的发展与演变，在某种程度上来说是必然的。纵观各种文明的发展演变史，不难知道，文明在时间上的变化通常源自于不同地域文明交流和对话的结果。也正是因为如此，不同文明之间的对话，不但是认识自身文明的捷径，也是完善自身文明的要途，同时是辅助其他文明日臻完备的桥梁。

二、佛教与儒家文明之间的兼容性

不同文明之间是否具有兼容性，决定了不同文明交流、对话能否成功。彼此之间具有兼容性，才能和谐共处，相辅相成，相得益彰；彼此之间不具兼容性，就会斗争排斥，此消彼长，此存彼亡。纵观两千余年不同区域文明的交流史，不难发现，发生于公元 1 世纪至公元 11 世纪，延续近千年的印度佛教对中华文明的影响，是不同文明之间成功交流、对话的典范。通过这种交流、对话，佛教已经成为中国地地道道的本土宗教，并成为中华文化的主要组成部分，这也为佛教成为世界性宗教发挥了关键性的作用。这说明，佛教与中华文化具有兼容性。中华文化的主流是儒家思想，佛教与中华文化的兼容性集中体现在佛教与儒家的兼容性上。这种兼容性具体表现在以下两个方面：

1. 人人皆可为圣贤的道德期许。儒家从一开始就很注重道德典范的树立，比如尧、舜、禹、汤、文王、武王、周公。这些道德典范是后代子孙们为人处世的榜样，也是通过努力可以达到的目标。这样一种希贤希圣的道德期许，成了人们安身立命的根本，同时也塑造了人们刚毅与自信的品格。后来佛教传入中国，佛教里众生皆可以成佛的思想，与儒家所倡导的人人皆可为尧舜，可以说是一拍即合。不仅如此，佛教的很多经论里还提供了如何成佛的具体实践道路，为人们如何成为圣贤提供了更加详尽的参考，这也为佛法能在中国扎根提供了理论上的支撑。

2. 以孝为践行的根本和入手点。儒家希圣希贤的实践道路，是以日常伦理为中心而开展的，这个伦理的核心便是对父母的孝。孝敬父母，在中国文化中被认为是天经地义的事情，是做人的根本。这份伦理的实践，不仅关系到个人，也不仅关系到一家人，而是关系到整个国家的治理。在中国过去的社会中，自天子到庶人无不是在做一件事情，那就是孝。孝做好了，天下便能够大治。因此，孝的思想，在中国人的观念中是根深蒂固的。佛教进入中国之后，自觉地适应了中国文化的这一特色，很注重孝道的阐发。如《父母恩重难报经》《地藏菩萨本愿经》

这些重点阐发孝道思想的经典，受到了民众的广泛喜爱。不仅如此，很多佛教传统的法事活动也与祭祀祖先有着紧密的关联。比如，一直延续至今的每年农历七月十五的盂兰盆节，寄托着民众对去世祖先的哀思，在民间有很大的影响。

三、佛教与基督教文明之间的兼容性

两千年来，佛教在世界的传播集中在亚洲地区，尤其是南亚、东亚、东南亚。当今世界，随着全球经济一体化的进程，东西方文化交流的壁垒在逐渐被打破。最近百余年来，佛教逐渐传播到欧美地区，并引发欧美人士对佛教的广泛兴趣。佛教和基督教之间的兼容性，至少可以体现在以下两个方面：

1. 原罪思想。无论是基督还是佛陀，对人性都有很深的洞察，都认为人性很容易被无知和欲望染污。而染污的人性，则需要靠信仰的力量得到净化和提升，这也是基督教实施洗礼和佛教重视皈依的原因。无论是洗礼还是皈依，所代表的不仅仅是一种外在的形式，更是内心的一种归属感，从此精神上开始有了寄托，开始有了可以向上提升的空间。

2. 恩典思想。上帝为了拯救人类，将他的爱子耶稣降生在了人间，为人类的罪承担了责任，这也是上帝对人类的恩典。

佛教里的菩萨为了救度众生，而心甘情愿受无量无边的苦楚，与这种情景非常相似。这就相当于父母，若仅仅是为了自己，有些苦是不需要吃的，但如果是为了孩子，就心甘情愿地吃很多的苦。无论是耶稣还是菩萨，都具有这样的情怀。

基于原罪或对人性缺憾的洞察，以及恩典或对圣者心境的体认，信仰就能够在人们心中扎根。对人们来说，信仰虽然不是生活的全部，不能完全替代世俗的生活，但没有信仰的生活，就如同没有根的大树，会逐渐丧失生命的活力。

四、儒家与基督教文明之间的兼容性

基督教最早在中国唐代就开始传入中国。在过去一千多年的时间里，也曾有一些成功的经验，但最终不能像佛教一样成为家喻户晓的宗教信仰，其中有一个原因不应忽视，那就是在对待祖先和圣贤态度上的坚持。对中国人来说，对祖先的祭祀和礼拜是天经地义的事情，这是一个人做人的根本；而对圣贤的祭祀和礼拜也同样重要，这源自于中国尊师重教的传统。过去基督教的传教士们因为对这一点缺乏认识，认为这与基督教信仰有根本的冲突，从而变成了两者不能兼容的一个困难。今天，我们高兴地看到，基督教在中国传播的时候，也开始注重家庭伦理关系的建设，这不能不说是基督教在中国传播与发展的一个可喜的现象。那么，儒家和基督教之间有没有共同的特点呢?

1. 责任和担当意识。上帝创造人，并不是让人来受苦的。因为无知、贪婪和欲望，人类将自身推向了痛苦的深渊。面对这种情况，上帝将自己的爱子耶稣降生人间，希望能减轻人类的痛苦与罪责。基督徒们追随耶稣的足迹，担当起救世的责任。这种强烈的责任感是基督教之所以能广为传播并受世人认可的一个原因。这种责任感在儒家里也一样强烈和明显。中国古代很有名的圣王商汤曾说："朕躬有罪，无以万方；万方有罪，罪在朕躬。"（《论语·尧曰》）意思是说，君王有罪，非民所致；民若有罪，则君王难逃其咎。后来儒家更提出了"仁以为己任"以及"欲明明德于天下"（《大学》第一章）之志向，以天下为己任的情怀由是可见一斑，乃至于后来更提出"天下兴亡，匹夫有责"，更赋予每个人以兴盛天下的责任。

2. 权利和民主思想。近代人权、自由、平等、博爱等思想的提出与基督教有直接关联。人权天赋是最为核心的观念。上帝创造了人，并赋予了人类基本的生命权、财产权以及追求幸福的权利，这些权利神圣不可侵犯。基于天赋人权的观念，法律面前人人平等以及近代民主的思想也就成型了。事实上，儒家思想中很多地方都体现着对民权及民意的重视。在被称为五经之一的《尚书》中说：“天聪明，自我民聪明；天明畏，自我民明威。”意思是说，天意要通过民意来体现，天赏罚要通过民赏罚来完成。后来孟子更明确地提出了“民为贵，社稷次之，君为轻”（《孟子·尽心下》）的“民贵君轻”的思想。

五、佛教对当今世界文明的贡献——“心文化”的构建

当今世界科技文明已经成为文明发展的主流，这对各种传统文明形态都形成了前所未有的冲击。然而，单由科技文明构成的文明形态是不够健全的，因为科技文明本身很少涉及价值判断，而这恰恰是各种传统文明重点关注的领域。今天，我们在这里进行各种传统文明之间的对话，其目的也是为了找到各种传统文明之间能够和谐共处的根基，并考虑如何构建全球背景下的普世伦理观，以便为当今的科技文明提供更加清晰的价值判断图景。

追求幸福是人类永恒的主题。在今天科技日益发达的时代，当人们基本的物质生活需求已得到满足，乃至有越来越多人过上物质富足的生活时，精神领域的匮乏反而显得越来越突出。

离开精神世界的富足，追求幸福终究是可望不可即的梦想。在认识人们精神世界的层次及提升精神世界的方法方面，佛教有着非常丰富的资源，我们称之为佛教“心文化”的构建。下面分两个方面来介绍：

1. 心层次的认知。人们心的世界是有层次的，不同的人通常生活在不同层次的心的世界里。即便在同一个层次的世界里，因为人们的经历和知识背景不同，也会具有不同的精神状态。一般来说，心的世界可以分为四个层次：第一，感官层次的世界，其对应于眼识、耳识、鼻识、舌识、身识；第二，理性层次的世界，其对应于意识；第三，内省层次的世界，其对应于末那识；第四，悟性层次的世界，其对应于阿赖耶识。这四个层次也是一个渐次深入的关系。通常人们生活在感官层次的世界里，满足五欲的快乐就成了追求幸福的实际目标。这个层次的幸福，对外在物质世界的依赖性最强，也因此是最不自在的。在理性层次的世界里，对抽象的名言概念的贯通，即思想上的通达成了追求幸福的实际目标。在这种状态里，人们总是希望能了解万事万物的本质。内省层次的世界，冥想乃至透析生命的本质，成了追求幸福的实际目标。而在悟性层次的世界，感受生命与万物的一体性，则成了追求幸福的实际目标。总的来说，层次越深入，其生命的意义和价值开显的也就越显著，而生命的幸福感也就越强烈。

2. 心提升的方法。不同层次的心的世界，代表着生命不同层次的自我实现。佛教在给出不同层次心的世界的同时，还给予了提升生命境界的方法，即为戒、定、慧三学。戒学重在规范人们的感官世界，使人们在享受各种物质生活时能有所节制。人们对物质生活的需求是有限的，但欲求却是无限的。无论科技如何发达，无论物质产品多么丰富，也永远满足不了人们的欲望。适当节制和自我约束，这是走向精神自由和富足的必经之路。定学重在回归人们内心的平静。当人们的内心世界不再被各种欲求所扰动，不再被各种名言概念所束缚，就能逐渐实现内心的宁静与自由。这种情景下，人们内在的智慧之光便能自然流露，这个即是慧学。回顾人类的文明发展历史，不难发现，是人类所拥有的智慧在最终决定着文明的高度。在今天这个科技高度发达的时代，更需要高度发达的精神力量，才能更好地驾驭科技发展的方向。

六、总结

一个社会文明的体现通常是多层次的，简单来说可以分为三个方面：一是经济，二是政治，三是文化。相对于经济和政治来说，文化通常是一种隐形的力量，它潜移默化地影响着人们的思维模式与心理结构，并对政治与经济产生长久的影响力。在当今全球化的背景下，国家与国家之间友好关系的营建，不仅是政治上的相互尊重，经济上的相互合作，更重要的是文化之间的相互交流。从长远看，人类能否长久地和谐相处、共同繁荣，在很大程度上取决于彼此之间是否有深刻的认同感，而这种认同感的基础通常潜藏于体现人类精神生活的文化传统之中。今天，在联合国纽约总部举办“尼山世界文明论坛”，正是促进不同文明、不同信仰相互交流、和谐共处的有益尝试，其意义和价值都将是不可估量的。

文化的力量[1]

7月21日上午，美国宗教联合代表团先遣工作团一行四人访问中国佛教协会，访问团团长就中国的宗教状况与学诚法师进行了探讨与交流。7月23日上午，新加坡驻华使馆一位工作人员专程到中国佛教协会，就佛教在构建和谐社会中的作用等问题对学诚法师进行了专访。两次对话交流的主题具有一定的相关性，故将对话内容集录如下，以飨读者。

7月21日上午学诚法师与美国客人的对话

美国客人：非常高兴！我是第二次来到这里。听说在中

---

① 本文为2009年7月21日和7月23日，学诚法师在中国佛教协会分别与美国、新加坡客人的对话录，发表于中国佛教协会会刊《法音》杂志2009年第8期（总第300期）。

国，见面三次就会被称为老朋友，不久后我们还将再次会面，因此今天我想称呼您老朋友！

学诚法师：有缘！有缘！

美国客人：神的安排，决非偶然。我叫傅柏柢（Dee Froeber），是美国北卡罗来那州森林山浸信会国际事务主管，同时也是美中多宗教交流会行政主管。今天与我同行的，有杰夫·伍德（Jeff Wood）先生，他是美中多宗教交流会的策划主管；还有桑德拉·哈金斯（Sandra S. Haskins）女士，她也是该会的主管；哈金斯（Haskins）先生是该会的财务主管；当然还包括郭伟女士。非常高兴来到这里，再次与您见面，我们感到很荣幸。

学诚法师：首先，我代表中国佛教协会对各位的到来表示热烈欢迎！佛教在中国流传已经有2000多年的历史，有极其深厚的信仰基础。佛教与儒家、道家已经成为中国传统文化的主干。我接待外宾的时候，常常有人问：佛教是从印度传来的，为什么能成为中国文化的主干？我想最主要的原因是佛教的本土化，无论传到哪里，都能与当地社会的生活、习俗、文化等各方面相结合。中国佛教门派最为齐全，有汉语、藏语、巴利语三大语系，汉语系佛教还发展出八大宗派。这三大语系、八大宗派构成一个完整的中国佛教体系。佛教在世界各国流传，中国佛教徒从目前状况来看，人数是最多的。中国民间有句谚语：家家弥陀佛，户户观世音。由此可见佛教在中国影响之广、影响之大、影响之深。

新中国成立以来，特别是改革开放以来，中国佛教对外交流进一步扩大和加强。我们不仅参加了世界佛教徒联谊会，也参加了各种多宗教国际会议和活动，如世界宗教者和平会议、亚洲宗教者和平会议等。在今年 7 月初，我们同中国道教、伊斯兰教同仁在哈萨克斯坦参加了第三届世界与传统宗教领袖大会。由此可见，无论是佛教、基督教、伊斯兰教，都已经成为维护世界和平的重要力量。我们相信，通过贵代表团的来访，将进一步促进中美两国人民和两国宗教界的友谊，对促进世界和平也将发挥积极作用。祝愿贵代表团的访问取得圆满成功！

美国客人：如您所言，不同宗教间的交流，与国家、政府间的交流一样重要。宗教中有关道德伦理的教义成为人类文化发展的源泉。我们回溯历史，有如此多世界级的领导人从不同宗教的圣典中获得启示，胡佛总统就曾关注宗教在中国社会中的重要作用。我相信，为建设一个更加和谐的社会，从事宗教教化的领袖们是不遗余力的。因此，我希望即将访问中国的美国宗教联合代表团能够促进中美两国构建更加和谐的关系。令我们感到兴奋的是，您将再次帮助我们增进这种关系。显然，家家户户都供奉同一尊菩萨（观音菩萨），这非常重要，我们必须面对这样的信仰。众所周知，佛教在美国发展很快，不但表现在佛教徒数量的增加，还表现在更多美国民众开始认识佛教、了解佛教，有关中国的事物也越来越为美国人民所熟知。我想对您说一件有趣的事情，我们教会一名主管牧师，最近重新布置了他的办公室，再走进去你会觉得很舒服。当你说：这挺不错的！但是这盏灯为何放这边、不放那边？他说：是啊！你知道，这是风水。看起来佛教已经对基督教堂产生影响了，这表明我们在许多方面都可以相互学习。

今年 10 月我们将组织一个宗教联合代表团访问中国，20 名成员中有美国的宗教领袖、学者和政治家。代表团访华的目的在于更多地了解宗教在中国社会中的作用，并与多位令人尊敬的中国宗教领袖会面，比如贵会会长和您本人。我们希望安排一个对话活动，还希望再享用一顿精美的素食午餐。因为我们将拜访中国不同宗教的领袖们，所以将组织一个多宗教联合代表团，代表团的宗教领袖们分别来自佛教、伊斯兰教、天主教、基督新教等不同宗教。我也期望来这里访问时，请您给我们讲述佛教在中国的历史、佛教的教义以及如您所言的佛教对中国的发展和中国人的心灵所产生的巨大影响。虽然美国民众已经了解了一些中国佛教的知识，但我认为还是非常有限的，至少大部分是非常有限的。因此，这也是您将中国佛教介绍给美国各宗教领袖的一个机会。当他们回国后，可以将这些新鲜的知识讲给更多的人听。我想这将对未来的中美关系产生影响，成为代表团访华的一项巨大成果。您说佛祖教导我们要共同合作，他们会说耶稣基督也教导我们要共同合作。我确信，我们将建立一种圆满的友谊。我希望提供一些意见给您，这也是郭伟女士建议我做的。希望以你们的方式，来帮助美国宗教界代表们了解中国佛教正在发生的一些变化。我们很关注，从佛教的角度，您是如何抓住机遇寻求未来发展的？您认为佛教面临怎样的挑战？你们能够让你们的年轻人长久保持他们的佛教信仰吗？有的时候我的孩子们不愿意去教堂，这是我要面对的一个挑战。也许您的挑战是不同的，我希望所有的中国儿童都愿意去教堂或寺院。另外我们也想知道，你们是如何培养宗教领导人，尤其是青年领导人的？我认为，在某种程度上，每个宗教都有可以互相学习的领域，比如，如何来培养我们的领导人，使他们成为优秀的领导人。另外，我们还希望了解，中国佛教是如何以具体的方式来服务社会的？比如扶危助困、救助疾患及消除饥饿等等。最后，我想极少数宗教领袖也许会提出一些好奇或敏感的问题，比如西藏佛教现在的状况等等，希望佛教界在这些问题上谈谈自己的看法，还有就是民族冲突或宗教歧视的话题。我们教会也常常要面对这样的话题，在今天的美国，人们还常常谈论如何保持黑人与白人之间的和谐关系，这也是您可以给我们指教的方面。在任何一个国家，宗教领袖都发挥着同样的作用，即如何促进人群与社会的和谐，保护信徒的权益。我们盼望从您那里获得指教。

学诚法师：您刚才提的这些问题很有意义，但我觉得其中一些问题属于常识性问题。去年年底我去韩国访问，看到一份报纸说据调查有 28％的美国人认为释迦牟尼佛是中国的民族英雄。

美国客人：嗯！很有意思！

学诚法师：我觉得，民意调查的结果能不能代表美国的真实民意不是主要问题，问题是为什么有那么多美国人对佛教的教主——释迦牟尼佛不了解。

美国客人：相信在我们的代表团到访之后，情况会有所改观。

学诚法师：美国是世界上最发达的国家，中国是世界上最大的发展中国家，我们两国之间的对话和交流，包括两国宗教间的对话和交流，对增进共识、扩大了解、促进合作、发展友谊都是非常重要的。刚才说28%的美国人认为释迦牟尼佛是中国的民族英雄，由此可见，还有不少美国人对中国佛教、中国宗教存在诸多误解。我也常常在思考：为什么会存在这个问题？后来逐渐明白：中国少年儿童从小学英语、读英文图书，而美国少年儿童对汉文图书了解很少，能看得懂的更少。我们有许多信徒移民到美国以后告诉我们说：在美国要听中文广播、看中文电视和杂志都非常困难。但在中国，要看美国、英国的书刊，书店里都有卖的。像CNN、BBC在酒店里都能看得到。我觉得，如果有一天中国文化进一步普及，您提的这些问题就都不成为问题了。

我想无论哪一个宗教，要在所在国家生存和发展，都要处理好与所在国家人民和政府的关系。像去年拉萨“3·14”以及今年乌鲁木齐“7·5”打砸抢烧事件，都严重破坏了社会秩序，也给人民的生命财产带来非常大的损失。我想这些打砸抢烧事件，无论哪个国家、哪个民族，无论信仰什么宗教，都是众所难容、不被称许的。我觉得，无论我们信仰什么宗教，与所在国家人民和政府共同维护良好的社会秩序，在这方面的责任是一样的。政府也好，宗教也好，都要共同促进社会和谐。所使用的方法，可能宗教有宗教的方法，政府管理社会也有政府的一些方法，这些方法都是必要的，也是必须的。

中国改革开放 30 年来，物质财富可以说已经有了相当程度的累积，所以，大家对信仰方面、精神方面的需求就越来越旺盛，并且越来越呈现出多元化的趋势。各个宗教在发展过程中，有些宗教在分化，有些教派在异化，有些人在利用宗教、打着宗教的旗号去做种种危害社会的事情，这样无形当中造成很多人对宗教的诸多误会。

美国客人：您可以帮助美国宗教领袖们多了解今天在西藏发生的积极变化，他们带着您的介绍与期望回去，这很重要。美国宗教领袖们常常从电视、报纸或美国政府那里获取信息，所以我认为，这样的访问对双方来说都是一个独一无二的机会。我希望您不要过于介意他们诸如此类的问题，他们只是为了了解更多情况，我不认为他们有其他特殊任务，他们只是来学习而已。

学诚法师：我觉得各个传统宗教只有回到各自教义上，回到各自的基本主张上，比如，基督教说上帝爱世人，佛教说普度众生、大慈大悲，那么一些邪教，一些利用宗教从事非法活动，甚至破坏社会秩序的做法，才能真正从宗教本身分离出去。

美国客人：作为基督徒，我们也面临同样的问题。我们必须不断关注原始教义，因为人们的心灵总是习惯于远离那些原始教义，而宗教领袖的作用就是不断提醒我们回到那里。我们都有这样的艰巨任务。

学诚法师：基督教在中国发展得非常快。常常有佛教徒反映，他们本来习惯于到寺庙烧香、进行宗教活动，但经常有基督教的牧师、信徒拉他们去信基督教。

美国客人：也许他们希望把教堂变得更好一些。

学诚法师：但佛教徒不会到基督教堂去拉人，拉来拉去，非常容易发生冲突。

美国客人：我想这也是我们应该进行对话的另一个重要原因，我们应该对彼此的信仰、实践和感受多加留心。

正式交流结束后，学诚法师代表一诚会长设素宴招待美国客人。在宴会上大家边吃边交谈。寒暄中，美国客人饶有兴味地询问起学诚法师的个人情况。

美国客人：跟我们说说您自己吧！

学诚法师：我自己没有什么好说的。

美国客人：您是什么时候出生的？

学诚法师：1966 年。

美国客人：在什么地方出生的？

学诚法师：在福建。

停了一会儿，学诚法师说：移民到美国的信徒写信说：中文节目在美国不能入户，不知是否有这回事？

美国客人：可能不是这样。

学诚法师：您家里能不能收到中文节目？

美国客人：我可以收到两套中文节目。只要在大城市里都可以，其他地方可能比较困难。

学诚法师：塞缪尔·亨廷顿（Samuel Huntington）写《文明的冲突与世界秩序的重建》，说基督教文明和伊斯兰教文明的冲突会在这个世纪继续存在，您认不认同这种观点呢？

美国客人：很抱歉我没有读过那本书。

学诚法师又问：您来中国多少次了？

美国客人：十三四次了。

学诚法师：最早是哪一年来的？

美国客人：1999 年。

学诚法师：最长一次住了多久？

美国客人：3 个月。

学诚法师：这 10 年来，您觉得中国社会和中国宗教最大的变化是什么？

美国客人：我毕竟在中国的时间很短，要一两句话概括很困难。我得多待上些时间。

学诚法师：先前您问我是如何看我们自己的，现在我想知道您是怎么看我们的。

美国客人：我认为宗教在中国社会将起到很重要的作用。在历史转折的关键时刻，宗教所起的作用会越来越突出。在今后，宗教与政府之间的合作会加强。这是我的简短概括，您是否同意？

学诚法师：这说明您对中国宗教的评价还是比较积极的，我听了非常高兴。宗教的作用越来越重要，但怎样把这个作用发挥好，就很有文章可做了。

美国客人：那该做些什么呢？请向我们介绍些许。

学诚法师：我认为，世界各个国家、各个民族、各个宗教，首先面临的是全球化问题。在国际上，有些人在抵制全球化，另一些人在推广全球化。因为全球化无形中会把某一种社会制度、生活方式、宗教信仰强加到不同的国家和民族，所以，如何在全球化过程中保持不同国家、民族、宗教信仰的特色就很重要。就比如说，中国有很多人学习英语，其中包括许多西藏的藏族民众和新疆的维吾尔族民众，不是别人强加的，而是他们自己愿意去学，因为学习之后能更好地发展自己。他们在全球化过程中，如何既学好比较通用的语言，同时保留好原先的语言和文化？我觉得在这个过程中，应该本着多元和谐的思想。单一的文化、单一的信仰、单一的民族在发展过程当中会有很多问题。生物需要保护多样性，文化、民族也需要保护多样性。

美国客人：明白了。

7 月 23 日上午学诚法师与新加坡客人的对话

学诚法师：欢迎您的到来！有什么问题，就请直说，大家一起探讨。

新加坡客人：我这次来主要是出于个人兴趣。新加坡与中国在政治、经济、文化等各方面的联系日益频繁，所以，我想进一步了解中国各方面的发展情况。我到国家宗教事务局与郭伟司长进行了交流，她向我介绍了中国宗教的一些情况。这次我来是想了解佛教在中国改革开放过程中的发展情况。中国政府大力提倡构建和谐社会、和谐世界，那么宗教在其中扮演怎样的角色？佛教又发挥了什么样的作用呢？想听听您的看法、想法。

学诚法师：佛教在中国信仰的人数最多。虽然在近现代遭遇诸多困难，但并没有断绝。改革开放三十年来，信仰佛教的人数不断攀升，信仰层次也在不断提高，信众涵盖了社会方方面面的人，尤其是白领阶层。三十年改革开放的成果，可以说基本上解决了温饱等物质层面的问题。但物质层面只能解决人们衣食住行的问题，比如说，衣服穿得越来越好，住的条件越来越舒适，吃的也越来越考究。吃的方面来说，20 世纪 80 年代冬天的时候，北京只有土豆、大白菜之类品种很少的蔬菜，现在不管在哪个城市，蔬菜的种类基本不受气候和地域的影响，在南方能买到北方的菜，在北方能买到南方的菜，在中国能买到外国的菜。行的方面来讲，过去谁有条件坐飞机？一般人根本不可能，航班航线也很少。现在大家坐飞机出行很普遍，还有高速公路、快速铁路等等，交通非常发达便捷，这在三十年前是难以想象的。还有手机、电话、电脑的普及，通讯也发生了翻天覆地的变化。但除了衣食住行以外，人还有心理、精神领域的需求。这是物质财富替代不了的，所以，就要靠文化、靠宗教、靠信仰。佛教就是在这样的时代因缘和社会背景下发展起来的，而且佛教在中国扎根和发扬光大已经有 2000 多年的历史了，这本身也说明它和中国文化融合得非常好，很适合我们华人社会。另一方面，中国政府有宗教信仰自由政策，国家允许大家自由信仰宗教。社会有这样的包容度，人本身又有这方面的精神需求，所以佛教能够得到发展也是各方面因素共同作用的结果。

谈到佛教对构建和谐社会有什么作用，刚才我说到中国改革开放以来，物质和精神这两方面的发展没有成正比，精神领域的发展相对滞后。这主要是因为我们国家长期以来的发展战略是以经济建设为中心。中共十七大报告中强调，要弘扬中华文化，建设中华民族共有的精神家园。佛教恰逢这样一个大好机遇，也是伴随着时代的进步而发展起来的。佛教发展起来以后，对于许多有信仰的人来讲，他就能通过修学佛法来平衡自我，从而和睦家庭、和谐社会，进而促进世界和平。所以，佛教稳定社会的功能和作用是很大的。总的来说，佛教的发展是因为时代、社会和民众都有这方面的精神需求。

新加坡客人：郭伟司长说中国有1亿佛教徒?

学诚法师：我觉得比这个数还要多，因为没完全统计过，也不好统计。一是因为人多，二是因为社会上好些信仰佛教的人往往不说“我信佛”。

新加坡客人：新加坡信佛的超过40%，但不一定真信佛，很多仅去寺庙拜拜，对佛经了解不深。华人社会的情况有些类似。

学诚法师：中国人的信仰与美国、欧洲人的信仰不一样。欧洲人主要信天主教，美国人主要信基督教，中东人主要信伊斯兰教，我们华人社会以信仰佛教为主，印度人以信仰印度教为主。我们的圈子再扩大一点，像越南人、朝鲜半岛人、日本人，还有新加坡、马来西亚，甚至欧美的华人，都与佛教有很大关系。实际上从外延来看，佛教不仅是文化，而且已经变成了文明——佛教文明、东方文明。当然，东方文明有佛教、儒家、道教、印度教等，但佛教至少是很主要的部分。

新加坡客人：佛教是主流。

学诚法师：佛教既是一种宗教，也是一种文化、一种文明，作用是很大的。

新加坡客人：有一点我感觉得到，在中国讲和谐社会、和谐世界，人们经常会把它们跟佛教联系起来，相对于其他宗教，佛教被提到的更多。在新闻报道里就可以看到这样的趋势。我想了解，为什么社会对佛教会有这样一种欣赏？是佛教在和谐社会、和谐世界构建中更能起到配合作用吗？

学诚法师：我觉得，这是由客观事实决定的。佛教以外的其他宗教——基督教、天主教、伊斯兰教等，虽然在中国也存在，但还没有完全融入到中华文化当中。平时我们一谈到中华传统文化，都是讲“儒释道”。

中华传统文化，先秦是诸子百家。秦始皇统一中国，时间很短，文化上主要是法家。到汉朝的时候，主要是儒家。董仲舒“罢黜百家，独尊儒术”，把儒家赋予了宗教的涵义，就是开始祭天了。其中也是有原因的，因为他要解释皇权的合法性问题。比如说，你当皇帝，谁给你这个权力？他说皇帝是“天子”，董仲舒解释说“皇权神授”。我觉得在这一点上，反而跟西方文化有点类似。中国的封建王朝就是靠这样的作用延续了两千年。

新加坡客人：利用这种说法给他合法性。

学诚法师：所以，历朝历代皇帝都要祭天，甚至到泰山祭天。只有皇帝有权力祭天，别人没权力。到魏晋南北朝时，佛教已相当兴旺，翻译了很多经典，那时儒家文化有了一种危机感。怎么办呢？于是，就把道家文化掺到儒家里面，产生了魏晋玄学。到隋唐的时候，完全是佛教文化占主流，八大宗派成立，佛学和文化成就都非常高。

新加坡客人：辉煌时代！

学诚法师：唐武宗灭佛以后，禅宗盛行。禅宗是佛教中国化最主要的一个标志。中国禅宗的禅属于祖师禅，印度的禅是如来禅。如来禅是四禅八定，一步步去修，修到最后再开悟。祖师禅是“悟后起修”，开悟以后才算修行，没有开悟之前的修行都是盲修瞎炼。祖师禅跟如来禅不一样，这是中国禅宗祖师的功劳。宋明理学出现的背景是因为佛教理论很成系统，而且影响非常大，所以朱熹、王阳明等人就把佛教里面的一些理论、修行方法吸收到儒家里，慢慢成立宋明理学。我要表达的意思，就是自从佛教传入中国后，儒释道三家互相交融、互相影响、互相促进，共同构成中国传统文化的三大部分。

新加坡客人：是历史原因。

学诚法师：这不是人为的，而是由很多社会条件、客观因缘所形成的。中国人遇到什么事，就说：“阿弥陀佛！”就像西方人说："我的上帝！"

新加坡客人：不同的文化习惯吧！

学诚法师：文化跟人的生活联系在一起，就是生活化、民族化。

新加坡客人：宗教必须融入当地文化，不然不能长久生存下去，这是大背景。再问一下，佛教在未来社会的发展局面会怎样？

学诚法师：至少可以说，它的作用会越来越突出。

新加坡客人：是指精神上的作用吗？

学诚法师：社会力量主要有两种：一种是物质力，一种是精神力。我们的物质力与精神力没有成正比，所以现在要提升精神力。提升精神力就要提升文化软实力。文化软实力里面就包括了佛教文化软实力。比如，我们国家在文化方面的进出口存在巨大逆差，进口的达95%，出口的才5%。这种文化逆差是造成西方人对中国不了解、不理解的主要原因。如果解决了文化方面的逆差问题，那么很多事情，包括新疆乌鲁木齐的"7·5"事件、去年西藏拉萨的"3·14"事件，国际社会就没有那么多误解了。中国信仰基督教的人越来越多，懂英语的人也越来越多，对西方了解、理解的人也就越来越多。但是，因为西方人不了解中国文化、不了解中国和谐文化的构成要素，就会对中国产生诸多误解，很多问题和矛盾都是这样引起的。

新加坡客人：西方很多时候确实不是从正确的角度来认识中国。

学诚法师：你看，我们加入世贸谈判的时候，他们一定要求中国每年进口多少部外国影片、多少部电视剧，对不对？

新加坡客人：一年至少 10 部影片。

学诚法师：西方国家对文化方面的要求是很苛刻的。

新加坡客人：中国电影市场的发展比好莱坞慢。

学诚法师：有些导演拍的反映中国人比较落后的影视，欧美人就说好，很不可思议。

新加坡客人：在某些西方人的思想当中，还是觉得中国比较落后，好形象的影片接受不了。

学诚法师：其实，美国手机更新没有中国手机更新快。

新加坡客人：中国的手机五花八门。

学诚法师：至少品种比他们多。电脑的使用，中国在全球也是居多的国家。

新加坡客人：上网的人是最多的。

学诚法师：现在上网是宽带，非常容易。我到过很多国家，上网很费劲。

新加坡客人：在中国上网，一个小时两元左右吧？

学诚法师：我们这里一个月上网的月租才几十块，很方便。

新加坡客人：上个月我到俄罗斯一趟，那里上网一个小时2美元。

学诚法师：包括对中东的宣传也是这样。因为现代整个世界的媒体是西方人占主导地位，CNN、BBC、美联社、路透社、法新社，他们长期以来对伊拉克、伊朗、阿富汗等国家，天天播哪里发生凶杀、哪里爆炸，所以人家就觉得那些地方到处都是谋杀。

新加坡客人：因为负面新闻多嘛！

学诚法师：实际上那里也有美好的东西，他们不报道。对我们也一样，他们天天报道西藏、新疆什么民族问题、什么宗教问题，最后给人造成许多负面印象。这是媒体的舆论导向问题。

新加坡客人：的确。他们是有这样的偏向。我昨天和一个新闻记者聊天，他前一段时间去了乌鲁木齐，说了那边的见闻。他说有一个西方记者到处访问维吾尔族人，就一个问题：“你讨不讨厌汉人？”一直这样问，刻意诱导他想要的答案。后来找到一个 6 岁的小孩子，问：“你讨不讨厌汉人？”起初的答案并不是他想要的，他就一直说话，诱导那个小孩子，直到听到他想要的答案。他们是刻意延续一种偏见。

学诚法师：中国对少数民族有很大的政策优惠，比如税收减免；高考的录取分数比较低；计划生育，汉人只能生一胎，他们可以生两三胎；穆斯林可以土葬，汉人只能火葬。西方人不宣传这些，人家有一点情绪，他们就拿出来大力宣传，还刻意宣传，那样只会助长、激化不良情绪。新加坡对少数民族有什么优惠政策？

新加坡客人：没有。新加坡是多元种族的社会，有华人、马来人、印度人，还有欧洲人。在新加坡执行民族平等、种族平等、宗教平等的政策，没有哪个民族有什么特权。有很多法律确保大家都是平等的。

学诚法师：中国不一样，少数民族有优惠政策。有些少数民族群众发生违规事件，警察不敢管。久而久之，他觉得你不敢惹我，就有恃无恐，有一些人就超越了国家法律允许的范畴了。比如，少数民族群众打架，一些警察不敢管，首先意识到他们是少数民族，别破坏了民族政策。但实际上，按新加坡民族平等的政策，你闯红灯照样要罚款。我们国家汉族人占绝对多数，为了维护少数民族的利益，维护他们的生活习惯，制定少数民族政策是必要的，但有时会被人滥用。我觉得关键原因，是中国人口世界上最多，目前又在和平崛起，而且中国改革开放三十年发展很快，所以一些周边国家、西方国家觉得中国发展太快，心里就担心害怕，从而引起种种问题。实际上，中国很注意这方面的问题，但因为有各方面因素的作用，就容易产生误解。现在网络、电视非常发达，再怎么屏蔽也屏蔽不了，无形中一些少数民族群众会受境外舆论的影响，甚至受一些偏见舆论的左右，这样就很麻烦。

新加坡客人：确实比较难管理。

学诚法师：并且中国幅员辽阔，管也管不过来。实际上其他国家真的没有必要害怕中国，中国人是很善良的。中国从周、秦，一直到现在，几千年下来，国家基本上是统一的，虽然春秋战国、三国、南北朝、五代十国的时候有过分裂，但持续时间很短，很快又统一了。这与欧洲、中东地区的国家不一样。美国毕竟也只有 200 多年历史。中国这么长的历史，统一是主流，即使暂时分开，也很快能合到一起。

新加坡客人：合久必分，分久必合。

学诚法师：分开的时间都是很短的。南北朝时间很短，五代十国的时间也很短，但是统一的时间却很长。因为有一种内在的力量使中国整合为一体。这种力量，西方人往往理解不了。

新加坡客人：不理解就会产生某种恐惧。

学诚法师：有些国家一分裂，就不容易整合了，所以世界上的国家越来越多。

新加坡客人：小国容易控制，所以某些西方国家一直以来在台湾问题上炒作。

学诚法师：某些西方国家一直想分化中国，我认为他们这种幻想不可能实现。中国民众从内心里都希望统一，并且几千年来一直如此，现在更是这样。过去发生改朝换代、国土分裂，很大因素是农民起义。农民起义大多是因为发生自然灾害——旱灾、洪灾、地震、瘟疫，大家没饭吃，就发生动乱。现在中国经济发展了，人们的生活大大改善了，不可能发生这种状况。你看去年四川地震，大家都去支持，不仅国内支持，甚至全球华人也都支持。

新加坡客人：新加坡也支持。地震以后，新加坡华人社会大家都出来捐款，都是自发的，不是政府带头或中国使馆带头，而且捐款的数额非常大。

学诚法师：所以这些自然灾害或伤害事件反而会促进中华民族的凝聚，决不会动摇国家统一的基础。另外，现在人民的生活总体上越来越好，包括少数民族在内。所以普遍来说，大家都希望稳定。这是中华文化的认同感，和西方文化是不一样的。

Ⅳ 章前语

一个人如果没有信仰，就很容易懈怠和迷惘，很难使自己的思想和行为得到规范。一个社会如果缺乏信仰，道德伦理的观念就会越来越薄弱，社会的和谐和安定也就无从谈起。

在全球，无论是发达地区，还是贫困落后地区，新兴宗教引人注目的飞速发展已成为一个世界性的问题。这一方面是因为现代世界急剧变化，人们的心理压力空前增大，宗教慰藉的需求空前旺盛；另一方面是由于某些传统宗教对世界发展变化反应迟钝，缺乏积极回应而丧失了一些吸引力和感召力。

迷信是违反人类道德的，宗教是捍卫人类道德并且提升人类道德的。

迷信的泛滥与道德的堕落、社会风气的恶转是相伴而生的，同时也是和纯正宗教精神萎缩紧密相连的。

增强宗教感召力、吸引力是防止邪教产生、蔓延的最有效途径，而所有这些都需要我们起而行之，而不仅是坐而论道。

离开正信宗教媒体舆论的积极引导，就会为邪教及各种歪理邪说提供传播的空间……跟一般大众媒体相比，宗教媒体兼具超越性和世俗性的双重特征，在不同文明的沟通和对话中有着独特的优势。

一种文化、一种价值观要得到其他民族、其他文明、其他国家人民的认同理解与欣赏，必须具有超越政治制度、意识形态的普世价值，必须具有超越一个民族、一种文明、一个国家、一己私利的世界视野，应该说中国佛教乃至整个中国文化就具有这样的价值和视野。

修学佛法的人，独善其身是不够的，应当积极投身于良好社会环境的营造之中，使更多的人有认清生命意义和得到快乐的机会，共同构建和谐社会。

宗教研究的方法与途径[①]

尊敬的各位专家学者，各位宗教界同仁：

能够有机会和在座的各位硕学鸿儒、饱学之士，共同探讨“科学发展观与宗教研究”这一主题，深感荣幸。首先，我谨代表中国佛教协会，并以我个人的名义，对中国宗教学会第六次全国会议的召开表示热烈祝贺，对中国宗教学会的邀请表示衷心的感谢，同时向参加研讨会的各位学者、同仁，致以最崇高的敬意。

中央所提出科学发展观的要求是“坚持以人为本，树立全面、协调、可持续的发展观，促进经济社会和人的全面发展”，

① 本文为学诚法师2006年12月18日，在中国宗教学会第六次全国会议暨“科学发展观与宗教研究”学术研讨会上的演讲。

并强调要“按照统筹城乡发展、统筹区域发展、统筹经济社会发展、统筹人与自然和谐发展、统筹国内发展和对外开放的要求”推进改革和发展。坚持“以人为本”，不断满足人们多方面的需要和促进人的全面发展，这是科学发展观的核心内容。

“以人为本”也可以说是作为世界各大文明核心的宗教对人类社会的根本要求。没有人就没有宗教，没有人的发展，也就没有宗教的发展。宗教存在于世，延续至今，一直以来都是侧重于解决人类心灵的问题。尤其是在中国这个历史悠久的文明古国，“以人为本”、“以和为贵”的思想渊源，更可上溯到两千多年前的儒、道学说，不论是“仁者爱人”的博大胸襟，还是“道法自然”的辩证思想，中国传统文化将人与人、人与自然和谐发展的理念，深深地植入了国人的心髓之中。

佛教传入中国，使这样一种深刻的精神信仰，同这片土地上的人民结下了不解之缘。在思想、文学、美术、建筑、音乐等诸多领域充分地展现出佛教的包容性和影响力，特别在指导人们心灵成长方面，更可说是一门系统完整的生命教育。一个人如果没有信仰，就很容易懈怠和迷惘，很难使自己的思想和行为得到规范。一个社会如果缺乏信仰，道德伦理的观念就会越来越薄弱，社会的和谐和安定也就无从谈起。因为在一个社会环境中，人的思想和行为，决定着社会的发展方向。如果心灵的成长不够成熟，方向不够正确，就容易对自己应该做和不该做的行为做出错误的判断取舍。这些错误如果没有得到及时纠正，任其放纵自流，就容易成为影响社会和谐的因素。“以人为本”的主体在于“人”，如果人的思想和行为出现问题，就会妨碍社会的发展进步。

佛教是规范人们身、口、意行为的一剂良方。在物质世界瞬息万变的发展过程中，物质文明的不断丰富，越来越明显地反衬出精神文明的匮乏。按照佛教教理教义的解释，其原因在于众生无始以来累积的无明烦恼，使得人们不能正确了解生命的状态和意义。佛教旨在引导众生认识烦恼的根源，认清苦乐的真相，进而从“因”上着手，即在净化烦恼的同时，不断造作和累积善因，以求无限生命中的生生增上。因此，佛教的功用，可以呈现为对一个人的重新塑造，使其思想和行为，依照业果的原则，向智慧和善良的方向改进。可以这样概括佛教的整个学修过程：首先，佛法引导修学者确立好正确的宗旨和目标；其次，帮助其认清自己当下在修学道路上所处的位置；最后，从当下到终极目标，佛教清晰地告诉我们应走的道路、方向、深浅层次和修行次第，从而渐次引导不同根机的众生通往解脱之路。

佛教不只探讨个人解脱的问题。《法华经》说："佛陀以一大事因缘故出现于世。"此"大事因缘"，指的就是欲令众生"开"、"示"、"悟"、"入"佛之知见，契理契机，利益众生。作为佛教教主，尚且用毕生的精力，使应得度的众生得度生死，未得度的众生种下未来得度的种子。因此，佛教培养修行者具备对社会的责任感和使命感，从宗教的角度为社会尽自己的力量。修学佛法的人，独善其身是不够的，应当积极投身于良好社会环境的营造之中，使更多的人有认清生命意义和得到快乐的机会，共同构建和谐社会。佛教重实践，实践的对象就是众生，所以佛教是切实的"以众生为本"。从这个角度来说，佛教的教理教义与"以人为本"的科学发展观也可相互阐发、相得益彰。

因此我个人认为，对于宗教的研究，也应当以科学的观点和态度去思维、观察和解读。科学的态度不仅是以仪器探测得到的结果去判定事物的种种属性，因为科学技术的发展进步是没有止境的。现在我们无法探测的，不等于不存在。过去，登月是件无法想象的事，乃至在更久远的古代，人们还一度因为缺乏对它的认识了解而编撰出许多神话故事。但是，现在人们对于月球的探测已经一层层揭开了它神秘的面纱。由此我们不难想象，随着人们认识的不断提高和技术的不断改进，或许在若干年后，我们对月球或其他星球的认识会有一个不同于今日的境界。

科学的可贵之处，在于实事求是的态度，和一种全面深刻认识问题的精神。在研究宗教的过程中，亦应秉持科学的态度，与实践相结合，用心去体会。以佛教来说，它的本质是调伏众生内心的烦恼，达到离苦得乐的境界。在修学过程中，单从文字的描述很难理解教理教义中阐述的道理，有的时候自以为理解了，但实际上同佛陀的出世本怀相距甚远。比如，面对逆境，佛陀告诉我们应该如理如法面对它、思维它、处理它，最终是从内心深处排遣烦恼，获得自在快乐，而不是单从道理上明确“应该怎么做”而已。如果对宗教——比如佛教的研究，仅仅在“道理”层面做文章，是很难把握精髓的。所以，宗教研究亦应同时辅以身心的实践。以佛教的观点来说，解行相应、心法相应、法法相应，才是研究宗教的最好方法与最佳途径。

当然，我们更需要一批又一批高僧大德、有识之士深入经藏、博通古今、会通中西、潜心研究佛教的教理教义，发掘其中亘古不变、历久弥新的精神资源，为社会发展服务，为众生利益服务，同时也为佛教徒的修行实践提供学理借鉴和理论指导。这一点，恳请学界前辈、各位同仁不吝赐教。

最后，衷心祝愿此次研讨会圆满成功。同时，期待学术界和佛教界能够携起手来，各尽其责，共同为构建社会主义和谐社会进行不懈的努力!

谢谢大家!

把握舆论方向　适应时代步伐①

各位领导、各位兄弟宗教的同仁，

各位专家学者、各位宗教媒体工作者：

由国家宗教事务局《中国宗教》杂志社主办、各全国性宗教团体会刊协办、上海市佛教协会和玉佛禅寺承办的“当代宗教媒体的定位与责任”研讨会，今天在上海玉佛禅寺隆重举行。来自各省市宗教平面媒体和网络媒体的同道们，与各全国性宗教团体负责人，以及宗教文化领域的专家学者们济济一堂，围绕当代宗教媒体的定位与责任这一重要课题进行研讨。在此，我谨代表中国佛教协会，向研讨会的主办方、协办方、承办方

① 本文为2010年12月2日，学诚法师在“当代宗教媒体的定位与责任”研讨会开幕式上的致辞。

表示衷心的感谢和热烈的祝贺，并热切期盼这次研讨会能够集思广益，将研讨的成果转化为各宗教媒体今后发展的思路。

媒体是现代社会中一支举足轻重的力量，有人称之为“第四种权力”，对保持社会整体的健康发展具有十分重要的意义。同时，媒体在全球化进程中所起到的巨大推动作用，也让我们深刻地体会到“媒介即讯息”[①]这个著名观点，即媒介自身比它所传播的内容对人类社会的变革与进步更具有决定性的影响。汤因比（Arnold Toynbee）指出：“从技术变革既是社会变革的结果又是社会变革的原因这个意义出发，每一次技术革命同时也是一次社会革命。”（汤因比，2005 年）信息传播方式与文明社会的变迁之间存在一种同步演进的规律。

中共十一届三中全会后，随着改革开放而得到健康发展的中国各宗教，对于媒体的重视也是有目共睹的。特别是随着互联网技术在中国的普及，并成为人们生活工作不可或缺的工具和手段，我们宗教媒体也逐步从平面向网络演进，不仅对于本宗教的广大信众，而且对社会大众也有着不可忽视的吸引力。因此，对于社会主义条件下宗教媒体的定位，以及所应当承担

① 这是加拿大著名传播学家 M. 麦克卢汉在《理解媒介：论人的延伸》（1964 年）一书中提出的影响广泛的媒介观。

的社会责任，是我们面临的一个重要而严肃的课题，值得我们努力探索，认真思考。

首先，宗教媒体应该积极宣传党的宗教政策、国家的有关宗教法规。各宗教结合自身信仰的特点，在宗教活动场所的建设和管理、宗教活动的举办、宗教教义的传播等过程中，将会遇到许多涉及宗教政策、法律法规的问题，这些问题的解决过程，即是贯彻执行党的宗教政策和国家宗教法规的实践过程；而宗教媒体本身也是党的宗教政策和国家宗教法规的具体体现。因此，依法办好宗教媒体，不仅要在媒体的内容上体现和宣传党的宗教政策和国家有关宗教法规，而且要在办刊的理念、思路上，严格地以党的宗教政策和国家有关宗教法规为自身一切活动的规范。

其次，宗教媒体应该积极服务于广大信教群众，传播宗教文化、普及信仰知识，充分体现宗教媒体的信仰特色、宗教特点，发挥宗教媒体影响力，引导广大宗教徒服务社会，在促进经济社会发展中更好地发挥积极作用。

其三，宗教媒体应当扶持正信、抵制邪教，推动精神文明建设，促进社会和谐。离开正信宗教媒体舆论的积极引导，就会为邪教及各种歪理邪说提供传播的空间。因此，各宗教媒体应承担起匡护正教、厘清正理、弘扬正信的责任，不仅有利于各宗教自身的健康发展，而且对于构建和谐社会、促进社会文明，也具有特殊重要的意义。

中国当代宗教媒体经过 30 多年的发展，取得的成果令人刮目相看，而存在的问题也应引起重视，需要我们实事求是地认真探讨。

作为宗教媒体的业内人士，必须注意到网络媒体这一新现象所带来的问题。社会学家布伦达·布拉什（Brenda Brasher）曾经指出："互联网一定会开启一项新的'宗教改革'，正如几世纪前的印刷术一样"。由于网络宗教媒体的盛行，特别是目前在中国这个互联网大国，宗教网站为数众多，随之而来的网络宗教行为表现出随意性、交互性、开放性、虚拟性、参与性等特征，已被广为接受。到目前为止，对于网络宗教媒体，除国家针对互联网的各种规范之外，并无特殊的法律规范。因此，如何看待网络宗教行为，如何看待网络宗教行为与传统宗教行为之间的关系，也是我们应当正视的问题。

提出上述问题，并非说我们已有现成答案，而是在说明，上述问题的合理解释、依法规范，对于宗教媒体的健康成长和发展具有现实意义，希望大家能够深入探讨，提供更多的思路。

步入 21 世纪，全球政治、经济和文化的重心正逐渐向东方转移，东西方文明正面临一个历史性的汇合，两者之间的互补对流也将成为常态。不同文明之间必须学会相互沟通和化解矛盾的方法，增进彼此的了解与信任，消除彼此的误解与偏见，促成和谐相处、共同发展的局面。

作为文化传播的使者、文明对话的平台，在当今时代，媒体无疑肩负着特殊而重要的使命，其中我们应当格外关注宗教媒体在其中所起到的作用。因为，与一般大众媒体相比，宗教媒体兼具超越性和世俗性的双重特征，在不同文明的沟通和对话中有着独特的优势。当宗教信仰越来越成为重要的人身标识之际，宗教媒体应该帮助人们克服因宗教差异引起的内心隔阂，用宗教文化的和谐之声唤醒人们天然具足却沉睡已久的同情心、包容心、平等心、慈悲心，弥补历史遗留下来的裂痕，使全人类的文明真正走向融合。

要做好我国的宗教媒体工作，需要加强两方面的力量：一是技术上的硬力量，解决信息怎样传播出去让受众观听得到的问题；二是文化上的软力量，解决信息怎样影响、赢得受众心理的问题。对于第一个问题，我们需要紧随时代的发展步伐，积极探索与运用先进的传媒技术与传播方式；对于第二个问题，我们既要加强研究媒体的传播规律，也要加深对宗教问题的认识和理解，将先进的媒体技术与深厚的文化底蕴加以有机的结合，发挥最大的传播效果。相比国际上成熟的宗教媒体，我们仍然有很大差距，亟待提升自身影响力和世界地位。不过随着我国综合国力的不断增强，各项事业的不断进步，相信未来我们的宗教媒体一定能够开创出辉煌的事业，前途不可限量！

最后，预祝“当代宗教媒体的定位与责任”研讨会取得圆满成功，祝愿各位与会媒体人士、专家学者吉祥如意！

加强国家文化软实力建设①

经济全球化的浪潮正在势不可挡地席卷整个世界，各国综合实力之间的竞争日趋激烈。传统的由经济发展、军事装备、科技进步、领土和地域扩张等所构成的硬实力竞争愈演愈烈，而由文化感染力、价值观感召力、道德影响力、政治制度、意识形态、外交说服力等所构成的软实力竞争又风起云涌、方兴未艾，二者相互依存、相互促进、相互影响、相互激荡，使国际社会综合国力的竞争呈现出前所未有的格局。在软实力中，文化软实力为核心要素。中共十七大将提升文化软实力提到国家战略的高度予以充分重视和深刻阐述，体现出执政党对当代

① 本文为2008年3月9日，学诚法师在全国政协十一届一次会议第三次全体会议上的发言。

国际社会竞争态势的敏锐洞察，对实现中华民族伟大复兴的深谋远虑。胡锦涛总书记在十七大报告中明确指出："当今时代，文化越来越成为民族凝聚力和创造力的重要源泉，越来越成为综合国力竞争的重要因素。"强调我们"要坚持社会主义先进文化前进方向，兴起社会主义文化建设新高潮，激发全民族文化创造活力，提高国家文化软实力"。

"软实力"概念由美国哈佛大学肯尼迪政治学院院长约瑟夫·奈（Joseph Nye Jr.）教授提出，他曾在克林顿政府内担任国家情报委员会主席和助理部长，他把软实力看作能够影响他国意愿和行为的无形精神力，包括文化的感染力、价值观的感召力、政治制度的吸引力、外交的说服力、国际威信与信誉力、领导人与国民形象的魅力等。文化、政治价值观念、外交政策构成软实力的三大源泉。他指出"软实力是一个国家文化和意识形态的吸引力，是通过吸引而不是通过武力得到理想结果的能力。它之所以发生作用是靠着使其他人确信：他们应该追随着你，或者使他们与你要之行动的规范和制度保持一致。软实力很大程度上取决于信息的诱惑。如果一个国家能够使其地位在他国人眼中具有吸引力，而且有能够加强鼓励他国以适当的方式确定其利益的国际制度，它也许就不需要花费更多的传统经济或军事资源。在今天的全球信息时代，软实力正变得日益重要”。

在约瑟夫·奈的《美国霸权的困惑》中，他给“软实力”这样定义：“在国际政治中，一个国家达到了它想达到的目的，可能是因为别的国家追随它，崇尚它的价值观，学习它的榜样，渴望达到它所达到的繁荣和开放程度。在这个意义上，在国际政治中制定纲领计划和吸引其他国家，与通过威胁使用军事和经济手段迫使它们改变立场一样重要。这种力量能让其他人做你想让他们做的事，我称之为软实力。”根据约瑟夫·奈的上述阐释，我们可以认为他的“软实力”主要包括政治价值理念的吸引力、文化的感召力、道德的感染力及塑造国际规划、决定国际政治议题的能力，而文化软实力则是软实力的核心要素。文化作为软实力的资源层面，构成一个国家软实力的内在基础。软实力的影响力、说服力、吸引力主要通过文化来得以实现。一个国家政治、经济和军事资源的组织动员、有效配置，直至发挥其最佳效力，离不开文化所提供的心理保障。缺失了文化，一个民族就丧失了凝聚力。同时，文化可以转化为一种同化性的权力，它通过影响对方观念和价值取向，改变对方的意愿和行为，使他国心甘情愿去做自己愿望让他做的事情，赢得他国的理解和认同、尊重和信赖。缺失了文化，一个民族就丧失了感染力。

“软实力”其实代表的并非仅仅是文化力量，而是一种多元化时代中非军事力量的统称。这就提出了一个问题：如何超越西方国家决策者和学者所关注的“软实力”概念的狭隘性？如何站在整个世界人类的高度去谋求人类的福祉，追求人类文化的兴盛和繁荣？我们认为，具有五千多年深厚文明底蕴和丰厚文化积淀的中国文明最有可能完成这一使命。秉承着中华几千年文明的精髓，新中国历届政府尽最大努力以求与世界各个国家和睦相处、共同发展，在人类面临的共同困难和灾难面前力求与各国和衷共济，共渡难关。在别的国家和民族深陷危机和不幸时尽弃前嫌、慷慨解囊，展现出一个五千年文明古国的智慧和风范，也展现出一个负责任大国的抱负和胸怀。

仅以非洲为例，从 1956 年至 1977 年，在自身经济极端困难的情况下，中国人民和政府依然无私地向非洲国家提供了超过 24.76 亿美元的经济援助（李安山，2006 年）。西方国家对非洲的援助大多带有明显的政治目的与苛刻的政治、经济条件。与此截然不同，中国的援助追求的是共同繁荣、共同发展，不附带任何条件，赢得了许许多多非洲国家人民的敬重和友情。

桃李不言，下自成蹊，50 多年来中国政府和人民以自己的真诚无私得到非洲国家和人民的认可与支持，中非关系也因此成为南南合作的典范。

反过来，非洲许多国家和人民也以自己的智慧和能力回馈中国人民和政府的真诚无私，例如 1971 年有些西方国家恶意阻扰中国恢复在联合国的合法席位，而非洲国家坚定地站在中国人民一边，在投赞成票的 76 个国家中有 26 个是非洲国家；又如在非洲国家的帮助下，中国在联合国人权会上从 1990 年起连续 11 次挫败以美国为首的西方国家的反华提案；再如在台湾问题上，绝大多数非洲国家都旗帜鲜明地反对台独，坚定支持中国政府和人民“一个中国”的原则（罗建波，2007 年）。《道德经》言：“万物作焉而不辞，生而不有，为而不恃，功成而弗居。夫唯弗居，是以不去。”（《道德经》第二章）说的就是这样的状态吧！

中国的软实力建设绝不以自己的文化价值观冲击、消解、侵蚀其他文明的文化价值观，因而绝不会构成对其他文明的文化价值观的威胁，它努力展示自己文明中具有普世价值的不朽智慧，也承认其他文明中也具有相同或相似的不朽智慧，同时欣赏和尊重其他文明中与自己文明不同的特殊点。单一性、同质性、宰制性、扩张性不符合中华文明的内在逻辑，文化霸权主义、文化帝国主义、文化殖民主义在以和谐为主要特征的中华文明中没有存在的土壤，老子早就领悟到："知常容，容乃公，公乃全，全乃天，天乃道，道乃久，没身不殆。"（《道德经》第十六章）这是说，一个认识了宇宙真理和生命智慧的个体或民族就必然会包容一切；包容一切，就会大公无私；大公无私，就会圆融周遍；圆融周遍才能合符自然；合符自然才算合于道；合于道才能久远广大，始终无有危险。

宋儒张载提倡大心之说，在《西铭》中提出了"民，吾同胞；物，吾与也"，把整个人类都视为自己的同胞，把世界万物看成自己的朋友。明儒王阳明提倡大人之说，大人者即"以天地万物为一体者也"。宋明理学直接承继先秦儒学和西汉经学而来，其胸襟气度真可谓包涵乾坤，容纳太虚，构成了中华文明和谐哲学的新高度。儒道两家都以其对自然社会、人类的敏锐洞察和深刻领悟凝聚为中华文明的高超智慧，涵养着几千年来中国人民的思想和行为，是当代中国构建软实力取之不尽、用之不竭的源泉。

佛教和平地传入中国，成功地融入中华文明并成为其中不可或缺的重要内容，形成了风格独特、影响久远深广的中国佛教，与儒道一起构成中华传统文化的三大主干，并以博大精深的理论体系和慈悲济世的宗教情怀为中国文化中和谐理念与价值观提供了信仰支撑和心灵关怀，使中国文化的“和谐”特征更加突显，更加深入人心。中国佛教秉承“诸恶莫作，众善奉行，自净其意，是诸佛教”的根本精神，以去恶从善为宗旨，融会儒道，不囿门户之见、形迹之辨，只求兴善去恶，如北宋契嵩所言：“夫圣人之教，善而已矣。夫圣人之道，正而已矣。其人正人之，其事善事之。不必僧不必儒，不必彼不必此。彼此者情也，僧儒者迹也。”（契嵩，《镡津文集》）而中国佛教中的禅宗则对儒家、道家乃至墨家的思想予以充分的吸纳涵容，形成最具中国特色的佛教宗派之一。中国佛教不但以兴善去恶为旨归而融摄诸家，更从“自净其意”的佛教根本出发，力求“无漏善”，在布施（财施、法施、无畏施）时要求四众弟子做到无住相布施，必须三轮体空，没有施者、受者与所施之物三轮相，更不用说追求回报、谋求私利了。

新中国成立以来，特别是改革开放以来，中国佛教界积极参与对外文化交流活动，促进理解，增进友谊，消除误解，打开隔阂，把中国佛教文化的智慧和真理介绍到其他国家，让更多的国家、更多的民族、更多的文明认识、认同、理解、欣赏包括中国佛教文化在内的中国文化，使西方敌对势力妖魔化中国的企图消弭于泱泱大国博大精深的文明光芒之下，消弭于中国佛教文化悲智行愿的法雨甘露之中。为成此弘愿，中国佛教协会在会长圆瑛、喜饶嘉措、赵朴初、一诚等诸大德的领导下，殚精竭虑，不懈奋斗，赢得世界宗教界和国际社会的高度评价和赞赏。

一种文化、一种价值观要得到其他民族、其他文明、其他国家人民的认同、理解与欣赏，必须具有超越政治制度、意识形态的普世价值，必须具有超越一个民族、一种文明、一个国家、一己私利的世界视野。应该说，中国佛教乃至整个中国文化就具有这样的价值和视野，也只有具备这样的价值和视野，文化资源才能转化为现实的文化软实力，从而有利于世界的永久和平和共同繁荣。

儒释道文化与社会和谐[①]

近日，就文化软实力建设等问题，记者采访了刚从澳门“首届文明对话暨论坛”归来的全国政协常委、中国佛教协会副会长兼秘书长学诚法师。据了解，该论坛邀请了儒释道三方的代表人物就“中华文化与社会和谐”的主题进行对话交流。其中，儒家代表是台湾师范大学国文系教授林安梧先生，佛教代表是学诚法师，道教代表是中国道教协会副会长张继禹道长。

记者：从“首届文明对话暨论坛”归来后，您有什么感受？

学诚法师：现在是一个开放的时代，一个文明的时代，一

① 本文发表于2008年5月1日《人民政协报》第11版，原题为《儒释道文化与社会和谐——专访全国政协常委、中国佛教协会副会长兼秘书长学诚法师》，作者杨桦。

个交流对话的时代。澳门恰好是中西文化交汇融合的地方，儒释道三方又在这里济济一堂地展开对话与交流，可谓是天时、地利、人和兼备，所以说这次论坛是一次众缘和合的盛会。

佛教文化、道教文化、儒家文化已经融入到中华传统文化以及中国社会的方方面面，融入到炎黄子孙的血液当中，成为中华传统文化的三大主干。所以，我们一谈传统文化就谈到儒释道三家。

这次，儒释道三家抱着互相尊重、互相交流、互相接纳、互相学习的心态坐在一起对话，这样的对话不是从现在才开始的。儒释道三家对话的历史已经超过了2000年。例如，佛教一传入中国就开始了与儒、道的对话，在佛教典籍《弘明集》《广弘明集》以及很多祖师大德的著作里，都可以看到这样的记录。

记者：我了解到，在今年全国政协十一届一次会议上，您十分关注文化软实力建设问题，并撰写了三篇相关的大会发言。请您结合这次论坛，谈谈佛教文化中有哪些可以为软实力建设吸收的内容，以及儒、释、道文化与社会和谐的关系。

学诚法师：目前，各国传统的由经济发展、军事装备、科技进步等所构成的硬实力竞争愈演愈烈，由文化感染力、价值观感召力、道德影响力等所构成的软实力竞争又风起云涌。“软实力”竞争的兴起向我们提出了一个问题：如何站在整个世界的高度去谋求人类的福祉，追求人类文化的兴盛和繁荣。我们认为，具有五千多年深厚文明底蕴和丰厚文化积淀的中国文明最有可能完成这一使命，而中华传统文化的三大主干就是儒释道。

佛教是一种以信仰为根本、以解脱为目的、以教育为中心、以文化为纽带的宗教。一方面，中国佛教文化的沟通与交流，为人类留下了伟大的文化遗产。佛教建筑、雕塑、铸造、绘画、音乐、印刷、戏剧、诗歌、小说等文化与艺术方面的创造，对中国文化影响既深且广。另一方面，中国佛教秉承“诸恶莫作，众善奉行”的根本精神，以慈悲、智慧、平等、圆融作为始终不变的主题，源远流长地影响着后世的人们。

宋儒张载提倡大心之说，在《西铭》中提出了“民，吾同胞；物，吾与也”（陈荣捷，2005 年），把整个人类都视为自己的同胞，把世界万物看成自己的朋友。明儒王阳明提倡大人之说，大人者即“以天地万物为一体者也”（陈荣捷，2005 年）。宋明理学直接承继先秦儒学和西汉经学，构成了中华文明和谐哲学的新高度。

老子早就领悟到：“知常容，容乃公，公乃全，全乃天，天乃道，道乃久，没身不殆。”（《道德经》第十六章）这是说，一个认识了宇宙真理和生命智慧的个体或民族就必然会包容一切；包容一切，就会大公无私；大公无私，就会圆融周遍；圆融周遍才能合符自然；合符自然才算合于道，合于道才能久远广大，始终无有危险。

儒释道三家都以其对自然、社会、人类的敏锐洞察和深刻领悟凝聚为中华文明的高超智慧，涵养着几千年来中国人民的思想和行为，是当代文化软实力建设及构建和谐社会取之不尽、用之不竭的源泉。

记者：作为中国佛教协会副会长兼秘书长，您认为应该怎样在促进佛教文化建设的同时加强文化软实力建设呢？

学诚法师：我们认为，在吸收佛教传统文化精髓的同时，应该更好地服务于当代社会，尤其是通过推动佛教思想的弘扬和开展，促进佛教与社会主义社会相适应。我相信，佛教文化会日益凸显其纽带的作用，成为联系社会各界共同为改革开放、社会安定、民族振兴、经济繁荣而做贡献的积极因素。

例如，寺院可以通过举办讲座、音像、壁画、板报、讲经法会、教唱梵呗、摄影展览等灵活多样的方式，让人们能够通过各种喜闻乐见的方式认识和了解佛教的历史文化，达到净化身心、教育自我、增进道德、觉悟人生的目的。

佛教的组织与团体也可以充分利用自身优势，积极稳妥地开展诸如关爱生命、慈善救济、心灵环保等为主题的佛教文化常识普及活动，以此为契机，积极倡导适应现代社会发展的时尚新风。

毋庸置疑，认真发掘、整理并深入研究、探讨佛教文化等中华传统文化，将对中国文化软实力建设及构建和谐社会起到积极的推动作用。

参考文献

王作安．当今国际宗教问题的主要特点．新华文摘（1），2000年

赵匡为．世界各主要国家的政教关系．北京：宗教文化出版社，1998年

刘澎．当代美国宗教．北京：社会科学文献出版社，2001年

程世平．文明的选择．北京：中国社会科学出版社，2001年

谭松林，孔思孟主编．反对邪教、保障人权．北京：群众出版社，2001年

罗斯特（H. T. D. Rost）. 黄金法则. 赵稀方译. 北京：华夏出版社，2000 年

马克斯·韦伯（Max Weber）. 新教伦理与资本主义精神. 于晓，陈维纲译. 北京：三联书店，1987 年

牟宗三. 中国哲学的特质. 上海：上海古籍出版社，1997 年

何光沪. 多元化的上帝观（第2版）. 贵阳：贵州人民出版社，1999 年

万俊人. 寻求普世伦理. 北京：商务印书馆，2001 年

陈荣捷. 中国哲学文学文献选编. 南京：江苏教育出版社，2005 年

列奥那德·斯威德勒（Leonard Swidler）. 在复旦宗教所的对话. 朱晓红记录整理. 2004 年. 转引自：梁卫霞. 伦理实践的宗教对话及其现实意义. 兰州学刊（9）. 2007 年

段德智．试论宗教对话的层次性、基本中介与普遍模式．武汉大学学报（4）．2002 年

约翰·希克（John Hick）．宗教、暴力与全球冲突：基督教的主张．全球对话（第 2 卷）（1）（英文）．2000 年

保罗·尼特（Paul Knitter）．一个地球多种宗教——多信仰对话与全球责任．王志成译．北京：宗教文化出版社，2003 年

孔汉思（Hans Kung）．世界伦理构想．周艺译．北京：三联书店，2002 年

穆罕默德（Sukhanan-i-Muhammad）．圣训．第 14、306 条．德黑兰，1938 年．转引自：罗斯特（H.T.D. Rost）．黄金法则．赵稀方译．北京：华夏出版社，2000 年

印度民间故事集益世嘉言．转引自：罗斯特（H.T.D. Rost）．黄金法则．赵稀方译．北京：华夏出版社，2000 年

孔汉思（Hans Kung）. 世界伦理构想. 周艺译. 北京：三联书店，2002 年

张伯端. 悟真篇拾遗. 道藏（第二册）

王重阳. 王重阳集. 济南：齐鲁书社，2005 年

智圆. 病夫传. 闲居编（卷三四）

卿希泰. 中国道教史. 成都：四川人民出版社，1996 年

转引自：田悦阳. 倡导宗教对话共建和谐世界. 中国宗教（3），2006 年

走向全球伦理宣言. 世界宗教会议. 芝加哥，1997 年

罗伯特·埃尔斯伯格（Robert Ellsberg）编. 甘地论基督教. 纽约：欧比斯图书，1997 年

（小）约翰 ·B. 科布（John B. Cobb Jr.）. 超越对话——走向佛教—基督教的相互转化. 黄铭译. 杭州: 浙江大学出版社，2008 年

倪世雄. 当代西方国际关系理论. 上海：复旦大学出版社，2001 年

王振华. 为减债——穷国向富国讨“说法”. 半月谈(内部版)（10），2000 年

彼得·科斯洛夫斯基（Peter Koslowski）. 伦理经济学原理. 孙瑜译. 北京：中国社会科学出版社，1997 年

乔治·汤森（George Townshend）. 福音的核心. 伦敦:乔治·罗纳德出版社，1951 年. 转引自: H. T. D. 罗斯特(H.T.D. Rost）. 黄金法则. 赵稀方译. 北京：华夏出版社，2000 年

印顺. 学佛三要. 妙云集下编之二. 台北：正闻出版社，2000 年

印顺. 药师经讲记. 妙云集上编之四. 台北：正闻出版社，2000 年

李培超. 自然的伦理尊严. 南昌：江西人民出版社，2001 年

莱纳斯·卡尔·鲍林（Linus Carl Pauling）. 世界道德与世界和平. 转引自：H.T.D. 罗斯特（H.T.D. Rost）. 黄金法则. 赵稀方译. 北京：华夏出版社，2000 年

李培超. 自然的伦理尊严. 南昌：江西人民出版社，2001 年

艾伦·杜宁（Alan Durning）. 多少算够——消费社会与地球未来. 毕聿译. 长春：吉林人民出版社，1997 年

施里达斯·拉尔夫（Shridath S. Ramphal）. 我们的家园——地球（为生存而结为伙伴关系）. 夏堃堡等译. 北京：中国环境科学出版社，1993 年

芭芭拉·沃德（Barbara Ward），（美）勒内·杜博斯（Ren é

Jules Dubos）. 只有一个地球——对一个小小行星的关怀和维护. 国外公害丛书. 编委会译. 长春：吉林人民出版，1997 年

陈敏豪. 生态：文明与文明前景. 武汉：武汉出版社，1995 年

孔汉思（Hans Kung），（德）库舍尔（Karl-Josef Kuschel）编. 全球伦理——世界宗教议会宣言. 何光沪译. 成都: 四川人民出版社，1997 年

万俊人. 现代性的伦理话语. 哈尔滨：黑龙江人民出版社，2002 年

麦克·摩查（Michael Mazarr）. 文化与国际关系综述. 华盛顿季刊春季号（英文），1996 年

塞缪尔·亨廷顿（Samuel P. Huntington）. 文明的冲突与世界秩序的重建. 中文版序言. 周琪等译. 北京：新华出版社，2002 年

阿诺德·汤因比（Arnold Toynbee）. 历史研究. 刘北成，郭小凌译. 上海：上海人民出版社，2005 年

憨山大师. 论教乘. 憨山老人梦游集（第四十五卷）

王阳明. 答季明德. 阳明全书（第六卷）

一帆. 谁来为最大的恐怖主义买单. 百科知识（1），2005 年

印度佛教寓言故事集本生经. 转引自：罗斯特（H.T.D.Rost）黄金法则. 赵稀方译. 北京：华夏出版社，2000 年

托马斯·赫胥黎（Thomas H. Huxley）. 进化论和伦理学. 转引自：罗斯特（H.T.D. Rost）. 黄金法则. 赵稀方译. 北京：华夏出版社，2000 年

（小）约瑟夫·奈（Joseph S. Nye, Jr.）. 软实力的挑战. 时代（2）（英文），1999 年

（小）约瑟夫·奈（Joseph S. Nye, Jr.）．美国霸权的困惑．郑志国等译．北京：世界知识出版社，2002 年

李安山．论中国对非洲政策的调适与转变．西亚非洲（8），2006 年

罗建波．优化中国在非洲的软实力．亚非纵横（6），2007 年

契嵩．辅教篇（中）．镡津文集（卷 2）．大正藏（第 52 卷）

张载．张载集．北京：中华书局，1978 年

万俊人．寻求普世伦理．北京：商务印务馆，2001 年

孔汉思（Hans Kung）．转引自：赵敦华．西方哲学的中国式解读．哈尔滨：黑龙江人民出版社，2002 年

弗里德里希·包尔生（Friedrich Paulsen）．伦理学体系．

何怀宏，廖申白译. 北京：中国社会科学出版社，1988 年

鲁道夫·奥托（Rudolf Otto）. 论神圣. 成穷，周邦宪译. 成都：四川人民出版社，1995 年

阿道夫·冯·哈尔纳克（Adolph von Harnack），什么是基督教？. 桑德斯（T. B. Saunders）译. 纽约：普特南森出版公司，1901 年. 转引自：赵敦华. 西方哲学的中国式解读. 哈尔滨：黑龙江人民出版社，2002 年

约·阿克·雷维列夫（Иосиф Аронович Крывелев）. 宗教史（下卷）. 乐峰等译. 北京：中国社会科学出版社，1984 年

刘澎. 当代美国宗教. 北京：社会科学文献出版社，2001 年

费孝通. 乡土中国. 北京：三联书店，1985 年

恩格斯（Frederick Engels）. 布鲁诺·鲍威尔和早期基督教.

中共中央编译局译，1974 年. 马克思和恩格斯全集（第 19 卷）. 北京：人民出版社，1961 年

张西平，卓新平编. 本色之旅. 北京：中国广播电视出版社，1999 年

郑家栋. 断裂中的传统：信念与理性之间. 北京：中国社会科学出版社，2001 年

牟宗三. 中国哲学的特质. 上海：上海古籍出版社，1997 年

贺麟. 儒家思想的新开展. 思想与时代（1），1941 年

万俊人. 寻求普世伦理. 北京：商务印书馆，2001 年

阿诺德·汤因比（Arnold Toynbee），（日）池田大作（Daisaku Ikeda）. 展望二十一世纪. 荀春生等译. 北京：国际文化出版公司，1985 年. 原著. 二十一世紀への対話. 东京，日本：

圣教新闻社，1984 年

阿诺德·汤因比（Arnold Toynbee）. 历史研究. 刘北成，郭小凌译. 上海：上海人民出版社，2005 年

布伦达·布拉什（Brenda E. Brasher）. 给我在线宗教（英文）. 旧金山，加利福尼亚：周西贝斯图书出版公司，2001 年